Zu diesem Buch

Sind beißende Babys böse? Müssen schlagende Vorschulkinder bestraft werden? Wie sollen wir der Gewalt auf den Schulhöfen begegnen? Denn auch wenn Erwachsene heute zulassen, daß Kinder Trotz und Wut äußern, so sind sie doch entsetzt über die Grenzenlosigkeit, mit der Jungen und Mädchen dies dann manchmal tun.

Verena Sommerfeld erklärt, daß Aggressionen zum menschlichen Leben dazugehören, und stellt dafür die verschiedenen wissenschaftlichen Erklärungen vor. Sie zeigt auch, wie sich Aggressionen in verschiedenen Lebensaltern äußern – und daß wir sie, trotz allem Verständnis, nicht immer hinnehmen müssen.

Sind Jungen wirklich aggressiver als Mädchen? Nein, sie äußern das nur anders, meint Tim Rohrmann, der sich seit vielen Jahren mit dem Thema männliche Sozialisation beschäftigt. Und sie haben auch anderes Spielzeug als Mädchen.

Allerdings: Wer legt die Maßstäbe für gutes Spielzeug fest? Die Eltern oder die Umwelt? Denn die ist so, daß sie Kindern das Ausleben ihrer Aggressionen nur noch schwer ermöglicht.

Aus diesem Grund bietet die Autorin 77 Spiele an, in denen kindliche Aggressionen ihren – berechtigten – Platz haben.

Die Autoren:

Verena Sommerfeld, Jg. 1951, eine Tochter. Von 1982 bis 1992 Leiterin einer Eltern- und Familienbildungsstätte in Bonn, seitdem selbständige Supervisorin und Organisationsberaterin für Kindertageseinrichtungen in Berlin. Zuletzt erschienen von ihr «Babysitter, Tagesmutter, Krippe …» (rororo 60289) und «Umgang mit Aggressionen. Ein Arbeitsbuch für Erzieherinnen, Lehrer und Eltern» (Luchterhand Verlag).

Tim Rohrmann, Jg. 1963, Diplom-Psychologe und Musiker, arbeitet in der Fortbildung und Beratung mit den Schwerpunkten Jungenentwicklung, Kindertagesstätten und Männerarbeit.

Veröffentlichungen: «Junge, Junge – Mann o Mann. Die Entwicklung der Männlichkeit» (rororo 19671) und «Jungen in Kindertagesstätten. Ein Handbuch zur geschlechtsbezogenen Pädagogik» (gem. mit Peter Thoma).

Anregungen und Kritik bitte an folgende Adresse: Büro für wissenschaftliche Publizistik Dr. Horst Speichert, Teutonenstr. 32 b, 65187 Wiesbaden. Hier erhalten Sie auch gegen Voreinsendung eines frankierten DIN-C6-Umschlags einen Prospekt der Reihe «Mit Kindern leben».

Verena Sommerfeld

Trotz, Wut, Aggressionen

**Wenn Eltern nicht mehr
weiterwissen**

Mit zwei Beiträgen von Tim Rohrmann

 Rowohlt

Herausgegeben von Bernhard Schön und Horst Speichert

Kinder haben eine Lobby
die **Deutsche Liga
für das Kind**

Partner von *rororo Mit Kindern leben*

Vollständig überarbeitete und erweiterte Neuausgabe
14.–20. Tausend April 1999
Originalausgabe
Veröffentlicht im Rowohlt Taschenbuch Verlag GmbH,
Reinbek bei Hamburg, März 1991
Copyright © 1991/1999 by Rowohlt Taschenbuch Verlag GmbH,
Reinbek bei Hamburg
Dieser Band erschien 1991 unter dem Titel
«Krieg und Frieden im Kinderzimmer»
Redaktion Bernhard Schön, Bettina Mähler
Fotos Michael Seifert, Peter Dammann
Umschlaggestaltung Büro Hamburg
(Foto: Axel Springer Verlag AG)
Alle Rechte vorbehalten
Satz aus der Aldus und Syntax PostScript (PageOne)
Gesamtherstellung Clausen & Bosse, Leck
Printed in Germany
ISBN 3 499 60615 1

Inhalt

Einleitung

Plötzlich ist es soweit … Ihre Tochter, eben noch in ihr eigenes Spiel vertieft, greift einem anderen Kind in die Haare. Lautes Geschrei! Ihr Sohn, eigentlich ein friedlicher Kerl, verwandelt Stöcke und Legosteine in Pistolen und inszeniert mit seinen Freunden Weltraumschlachten im Wohnzimmer. «Du bist böse, ich mach dich jetzt tot!» schreit ihr Kind Ihnen wutentbrannt entgegen und schlägt um sich.

Wenn Eltern dies zum ersten Mal erleben, sind sie meist verunsichert oder ratlos. Trotz und Wut von Kindern sind heftig und direkt. Die Intensität dieser Gefühlsausbrüche ist für Erwachsene immer wieder überraschend. Bei besonders gewalttätigen Phantasien manchmal auch beunruhigend.

Aus Gesprächen mit befreundeten Familien und aus vielen Seminaren mit Eltern und Erzieherinnen weiß ich, daß die meisten Erwachsenen heute mit kindlichen Aggressionen anders als ihre eigenen Eltern umgehen wollen. Kinder dürfen heute Wut, Zorn, Ablehnung und Enttäuschung zeigen. Bravsein ist kein Erziehungsziel mehr, Kinder sollen sich selbstbewußt durchsetzen. Andererseits – wo ist die Grenze zwischen Durchsetzungsfähigkeit und rücksichtslosem, tyrannischem Verhalten? Tanzen Kinder uns nicht irgendwann auf der Nase herum, wenn sie alles dürfen? Das fragen sich viele Eltern, Erzieherinnen und Lehrer.

Der Umgang mit Wut, Trotz, Aggression ist immer wieder eine Gratwanderung. Im *ersten Kapitel* beschreibe ich verschiedene Situationen und die Reaktionen von Eltern und Erzieherinnen. Sie zeigen, daß es «die» Aggression nicht gibt, sondern viele verschiedene Bedürfnisse und Gefühle, die die Kinder ihrer Umwelt mitteilen wollen. Aggressionstheorien, zumindest aber Schlagworte daraus wie «das sogenannte Böse» oder «Frustration» haben Eingang in den pädagogischen Alltag gefunden, so daß es mir wichtig erscheint, wenn Sie etwas genauer darüber Bescheid wissen. Darum geht es im *zweiten Kapitel*.

Viele Eltern fragen sich, welches Verhalten normal und altersangemessen ist. Auf Erwachsene angewandt ist das eine ziemlich verrückte Frage – oder hätten Sie Lust, ihre persönlichen Eigenarten einer Norm unterzuordnen? Jeder Mensch ist einzigartig. Andererseits gibt es bei Kindern auch entwicklungsbedingte Gemeinsamkeiten. Über die kognitive und sozial-emotionale Entwicklung wissen wir heute sehr viel. In *Kapitel drei* gehe ich näher darauf ein, warum kleine Kinder beißen oder anderen weh tun, wozu Zank und Streit auch unter Freunden und Schulkameraden wichtig ist.

Sind Jungen aggressiver als Mädchen? Wenn wir Kinder beobachten, fällt uns auf, daß Mädchen und Jungen sich oft auf unterschiedliche Weise streiten und auseinandersetzen. Jungen machen häufiger als Mädchen mit aggressivem Verhalten auf sich aufmerksam. Tim Rohrmann berichtet im *vierten Kapitel*, wie kleine Jungen über aggressives Verhalten zu ihrer männlichen Identität finden wollen. Er macht Vorschläge, wie Eltern und Erzieherinnen damit einfühlsam und verständnisvoll umgehen können.

Jeder Mensch hat Gedulds- und Schmerzgrenzen. Grenzenlose Liebe gibt es nicht, behaupte ich im *fünften Kapitel*. In den Situationen, die ich beschreibe, geht es darum, Kindern die eigenen Grenzen zu zeigen und ihnen zu ermöglichen, daran zu lernen.

Medienberichte über gewalttätige Kinder und Jugendliche sind sehr bedrückend. Immer wieder wird dabei die Verantwortung von Eltern angemahnt. Welche Bedingungen in der Familie können Gewaltbereitschaft begünstigen? Dazu gebe ich im *sechsten Kapitel* einige Hinweise. Hat das Spiel mit Waffen und Action-Spielzeug negative Wirkungen, prägt es vielleicht sogar die Einstellung zu Gewalt? Zu diesem Dauerthema unter Eltern und Pädagogen habe ich in vielen Veranstaltungen Pro- und Contra-Argumente gesammelt und die Ergebnisse der wichtigsten Untersuchungen dazu zusammengestellt.

Tim Rohrmann ergänzt diesen Teil im *siebten Kapitel* über die «Helden der Jungen». Hier sagen Jungen, was sie an Action-Helden so toll finden. Die Gespräche darüber sind ein Weg, Zugang zur Erlebniswelt von Jungen zu finden.

Wie kindliche Spielwelten und ihre Lebenswelt sich bedingen, beschreiben die Beispiele des *achten Kapitels*. Immer finden sich im Spiel Hinweise auf das, was die Kinder gerade beschäftigt. Wichtig ist mir schließlich die Unterscheidung zwischen ernsthafter und spielerischer Aggression.

Kinder hatten noch nie so viel Spielzeug wie heute. Nicht immer entspricht es dem Geschmack von Eltern und Erzieherinnen. Woran man eigentlich messen kann, was gutes oder schlechtes Spielzeug ist, frage ich im *neunten Kapitel*. Den verschiedenen Gütesiegeln und Maßstäben von Erwachsenen setze ich auch die Sicht der Kinder entgegen und plädiere für einen gelassenen Umgang auch mit «scheußlichem» Spielzeug.

Wie sie der künstlichen Erlebniswelt der Action- und Fantasy-Figuren sinnlich erlebbare Abenteuer und Spiele entgegensetzen können, habe ich im *Kapitel 10* aufgeschrieben. Und unter den 77 Spielideen werden Sie sicher auch genügend Anregungen finden.

Kapitel 1
«Niemals Gewalt!»

Im Flur des Elterninitiativ-Kindergartens hängt ein Plakat. «Niemals Gewalt!» Darauf sagt Astrid Lindgren:

«Müssen wir uns nach Jahrtausenden ständiger Kriege nicht fragen, ob der Mensch nicht vielleicht schon in seiner Anlage fehlerhaft ist? Und sind wir unserer Aggressionen wegen zum Untergang verurteilt? Wir alle wollen ja den Frieden. Gibt es denn keine Möglichkeit, uns zu ändern, ehe es zu spät ist? Könnten wir nicht vielleicht lernen, auf Gewalt zu verzichten? Wie aber sollte das geschehen, und wo sollte man anfangen? Ich glaube, wir müssen von Grund auf beginnen. Bei den Kindern.»

Die Eltern dieser Initiative haben mich zu einem Gesprächsabend über «Gewalt in der Kindergruppe» eingeladen. In der Konzeption des Kindergartens steht, daß die Kinder zum gewaltlosen, friedlichen Umgang mit Konflikten erzogen werden sollen. Die Anwesenden berichten aus ihrem Alltag:

Eine Erzieherin: *Die Kinder kommen bereits mit ganz unterschiedlichen Voraussetzungen in die Gruppe. Jan zum Beispiel ist so ein richtiges kleines Energiebündel. Der vermittelt allen Kindern sofort: Ich habe hier das Sagen. Und dadurch entwickelt sich eine Führer-Gefolgschaft-Beziehung. Da wird gar nicht geschlagen, die Kinder machen freiwillig das, was er will! Aber ich kann das nicht mit ansehen, wie er andere dominiert. Wenn ich dann Eva und Mirco sehe, die setzen sich ihm gegenüber nicht durch, dann möchte ich manchmal sagen: Wehrt euch doch!*

Eine Mutter: *Ich wollte meinen Kindern von Anfang klarmachen: Hauen ist blöd, es gibt bessere Formen, Konflikte zu lösen. Aber et-*

was anderes als darüber reden ist mir nicht eingefallen. Meine Tochter bemüht sich, es mir recht zu machen. Wenn ein anderes Kind ihr die Puppe wegnimmt, sagt sie nur ‹Die gehört mir, das darfst du nicht!› Und wenn das nichts nützt, weiß sie nicht weiter und fängt an zu weinen.

Eine Mutter: Ich frage mich, ob man wirklich Konflikte nur durch Reden lösen sollte. In unserer Familie walzen wir manchmal stundenlang ein Problem aus. Doch wir schaffen den Streit damit nicht aus der Welt, sondern machen ihn sogar schlimmer. Jeder verrennt sich in seine Argumente. Manchmal denke ich, jetzt mal ein Machtwort oder ein Klaps, und die Luft wäre rein.

Ein Vater: «Vielen Eltern, die von Gewaltfreiheit sprechen, nehme ich das einfach nicht ab. Diese zur Schau getragene Sanftheit ist meiner Meinung nach nicht ehrlich. Und oft sind die Kinder dieser Eltern ganz besonders aggressiv, wenn die Eltern nicht in der Nähe sind.»

Eine Mutter: «Ich bin sehr streng und auch noch mit Schlägen erzogen worden und wußte, so wollte ich es nicht machen. Meine Kinder sollen frei aufwachsen. Ich merke jetzt aber, daß ich meinen Ansprüchen selbst nicht gerecht werde. Mein Mann sagt öfter: ‹Warum bist du so nachgiebig? Die Kinder wollen auch mal Grenzen sehen.› Und das stimmt irgendwo.»

Wir Eltern sehen heute unsere Kinder als Partner. Konflikte sollen durch Zuhören und Aufeinander-Eingehen gelöst werden. Auf der anderen Seite gibt es in jeder Kindergruppe auch «kleine Tyrannen». Viele Eltern und Erzieherinnen sind unsicher. Was ist normal in welchem Alter? Ist Autorität doch manchmal nötig?

Was ist aggressiv? Sieben Beispiele

Aus den vielen, von Eltern geschilderten (und von mir selbst erlebten) Situationen habe ich sieben ausgewählt, in denen Kinder (und Eltern) sich aggressiv verhalten. Oder nur dominant? Oder gar situationsgerecht? Vielleicht überlegen Sie selbst, welches Verhalten Sie akzeptieren könnten und wie Sie selbst als Mutter, Vater oder Erzieherin reagieren würden.

Weiter unten stelle ich Ihnen dann einige Überlegungen zum Begriff «Aggression» vor und inwiefern er auf die sieben Beispiele zutrifft.

Jonas ist böse

Frau M. geht mit Jonas, 15 Monate, in eine Spielgruppe für Eltern und Kinder. Sie findet wichtig, daß Jonas mit anderen Kindern zusammen ist. Auch für sein Sozialverhalten ist das sicher gut, denkt sie, wie soll ein Einzelkind sonst Teilen und Rücksichtnahme lernen. Beim ersten Treffen ist man sich noch fremd. Gespannt schauen die Mütter, wie sich ihre Kinder in der neuen Gruppe bewegen. Ein kleines Mädchen sitzt auf dem Schaukelpferd. Jonas läuft auf das Mädchen zu und zieht es kräftig an den Haaren. Das fängt ja gut an, denkt Frau M. «Das hat er noch nie gemacht», sagt sie entschuldigend zur Mutter des Mädchens. Sie hockt sich vor ihren Sohn und sagt streng: «Jonas, du hast dem Mädchen weh getan. Mama wird böse, wenn du andere Kinder an den Haaren ziehst. Sieh mal, das Mädchen weint. Komm, wir gehen und trösten das Mädchen.»

Beißen und Kratzen, Streit um Spielzeug sind in den nächsten Monaten noch häufig Gesprächsstoff in der Kindergruppe. Darüber braucht aber keine Mutter, kein Vater beunruhigt zu sein: Im zweiten und dritten Lebensjahr machen Kinder wichtige soziale Erfahrungen. Und dazu gehören auch Auseinandersetzungen, in denen sie «testen», wo ihre und unsere Grenzen sind.

Auch Wut und Trauer gehören zum Alltag eines Kindes

«Das ist meins!»

Daniel, 2, fährt auf einem großen Rutschauto durch das Zimmer. Die gleichaltrige Sara setzt Duplosteine übereinander. Nach einiger Zeit steigt Daniel vom Auto und klettert zu seiner Mutter auf den Schoß. Jetzt will Sara auf das Auto. Als sie darauf zusteuert, springt Daniel vom Schoß seiner Mutter und setzt sich schnell wieder drauf. Jetzt muß ich eingreifen, denkt Frau B., sonst gibt's einen Riesenstreit. «Sieh mal, Daniel, du bist doch die ganze Zeit damit gefahren, nun laß Sara auch mal, nachher bist du wieder dran», appelliert sie an seine Vernunft. Daniel klammert sich an seinem Auto fest. «Du wolltest doch vorhin schon mit dem Kran spielen», sagt Frau B., zeigt auf die in einer Ecke aufgebaute Baustelle und versucht ihn damit abzulenken. Als mehrere Versuche scheitern, Daniel zur Einsicht zu bewegen, zieht Frau B. ihn schließlich vom

Auto runter und sagt: «Daniel, du läßt Sara jetzt damit fahren! Du willst schließlich auch mit Saras Sachen spielen.» Zu Frau W. gewandt meint sie: «Teilen hat er noch nicht gelernt!» Daniel schreit und wirft sich auf den Boden. Um die Situation zu entspannen sagt Frau W. schließlich: «Sara, nun laß Daniel wieder.»

«Teilen» ist für Kinder häufig eine unangenehme Erfahrung. Erwachsene schimpfen, mischen sich ein und setzen Regeln. Kinder streiten sich häufig erbittert um ihr Eigentum. Eltern fordern dann gern zum Teilen auf. Sie möchten, daß ihr Sohn oder ihre Tochter möglichst früh soziales Verhalten lernt. Kleine Kinder empfinden Besitz aber noch sehr stark als Teil der eigenen Person. Erwachsene verlangen mit «Gewalt» ein Verhalten, das das Kind in diesem Alter noch nicht beherrscht. Und sie erreichen mit ihrem Eingreifen häufig das Gegenteil ihrer guten Absicht: Daniel «merkt» sich, daß Teilen Ärger bedeutet. Auch Erwachsene brauchen Besitz für ihr Selbstwertgefühl. Einige sehr stark, wie man an manchen Automarken sieht. Bestimmte Dinge verleihe ich selber gar nicht oder sehr ungern. Diese Selbsterkenntnis hilft mir, gelassener und ohne moralischen Zeigefinger mit dem Teilen bei Kindern umzugehen.

«Ich hasse kleine Kinder!»

Sebastian ist ein kleiner, schmächtiger Junge, fünf Jahre alt. Sein Vater arbeitet als Architekt, seine Mutter als Lehrerin. Die Familie wohnt in einem geräumigen Haus auf dem Lande. Bis Sebastian drei war, ließ sich seine Mutter beurlauben und hatte viel Zeit für ihn allein. Seit seine Schwester geboren wurde, ist Sebastian in der Kindergruppe öfter aggressiv. Andererseits ist er aber auch sehr ängstlich, meint die Erzieherin. Wenn Sebastian morgens in den Kindergarten kommt, dauert es manchmal eine halbe Stunde, bis er seinen Vater gehen läßt. Die anderen Kinder sind dann meistens schon in der Bau- und Puppenecke in ihr Spiel vertieft, wenn Sebastian versucht, sich in ihr Spiel einzuklinken – was oft nicht gelingt. Dann ärgert er die anderen Kinder, vor allem die jüngeren. Er zieht sie an den Haaren, ein kleines japanisches Mädchen haut er und nennt sie «du Schlitzauge». Die Erzieherin stellt ihn zur Rede. «Ich hasse kleine Kinder», sagt er.

Sebastian hat keinen Freund im Kindergarten. Die Kinder sitzen im Kreis und sprechen über Freundschaft. Eine Puppe wird herumgegeben, eine Geschichte erzählt. Als die Puppe auf Sebastians Schoß kommt, nimmt er sie zärtlich in den Arm und streichelt sie. Als die Puppe zum nächsten Kind weitergegeben wird, springt er auf und will sie zurückhaben. Manchmal nimmt er sich die Puppe vom Regal und schmust mit ihr.

Sebastian macht durch aggressives Verhalten auf sich aufmerksam. Er fühlt sich bedroht, wenn andere Kinder sich von ihm abwenden oder Erwachsene mit ihm schimpfen. Diese Bedrohung macht ihm Angst, und er reagiert erneut aggressiv. Ein Kreislauf.

Der Grund: Die Geburt der kleineren Schwester hat starke Angst in Sebastian ausgelöst. Plötzlich hatten seine Eltern viel weniger Zeit, verlangten Rücksichtnahme.

Im Gespräch blockt Sebastian ab. «Ich will böse sein!» sagt er nur. Die Erzieherin kümmert sich dann besonders um ihn. Sie liest mit ihm Bücher, die erzählen, wie Kinder es schaffen, in einer neuen Gruppe angenommen zu werden. Das zeigt ihm nichtaggressive Verhaltensmöglichkeiten auf. «Auch du brauchst nicht zu schlagen, wenn du Angst hast», erklärt sie ihm, «so wie die Kinder in den Büchern.» Sebastian kann sich sicherer fühlen.

Noch wichtiger allerdings ist, Sebastian bei der Suche nach einem gleichaltrigen Freund zu helfen. Er darf jetzt häufiger mit anderen Kindern nachmittags nach Hause gehen. Gleichzeitig bieten ihm auch seine Eltern einen stärkeren emotionalen Rückhalt: Sein Vater macht hin und wieder etwas mit ihm ganz allein.

«Mädchen sind blöd!»

Nadine, drei Jahre, geht zum ersten Mal in den Kindergarten. Mittags läuft sie weinend zu ihrer Mutter und sagt: «Ich geh da nicht mehr hin.» Sie erzählt, Christian habe sie gehauen und zu ihr gesagt: «Hau ab, Mädchen finde ich blöd.»

In Nadines Kindergarten gibt es eine Gruppe von fünfjährigen Jungen, die kleinere Kinder und besonders Mädchen ständig ärgern. «Das sind unsere Rabauken», sagen die Erzieherinnen. Sie sind der Meinung, man solle das nicht überbewerten, die Kinder sollten ihre Konflikte selbst lösen. Nadines Mutter wäre es lieber, wenn die Erzieherinnen manchmal eingreifen würden. «Ich sehe nur, daß meine Tochter sich anpaßt und diesen Kindern aus dem Weg geht. Die Jungen kriegen von niemandem eine Rückmeldung, daß ihr Verhalten unmöglich ist. Schrecklich finde ich auch, daß das typische Mädchen-Jungen-Verhalten so unterstützt wird.»

Frau B. spricht Christians Mutter an und schildert ihre Beden-

Interessiert schaut Marion zu, wie die Erzieherin den Streit schlichtet

ken. Christians Mutter erzählt, ihr Sohn sei anfangs nicht gern in den Kindergarten gegangen. «Er hat wochenlang gebrüllt. Wenn ich ihn mal zu Hause gelassen habe, war er aber auch unausstehlich. Zuerst war er im Kindergarten total schüchtern. Als die Großen dann eingeschult wurden, haben die Fünfjährigen das Regiment übernommen.»

Erst schüchtern, dann aggressiv – paßt das zusammen? Ja! Eine wesentliche Ursache für aggressives Verhalten ist Angst. Angst entsteht aus dem Gefühl der Bedrohung. Bedrohlich ist für Kinder vieles. Manchmal übersehen Eltern das im Alltagsstreß. Wie aber die Angst verringern, wenn einem keiner hilft? Entweder weglaufen an einen sicheren Ort oder «Flucht nach vorne». Wobei Mädchen sich eher zurückziehen, Jungen eher zuhauen.

Christian muß sich als zweites von drei Geschwistern irgendwie durchsetzen. Als seine jüngere Schwester geboren wurde, hatten seine Eltern viel weniger Zeit für ihn. Auch die Einschulung des Ältesten bringt Veränderungen. Christian soll Rücksicht auf das Schulkind nehmen und auch darauf, daß seine Mutter inzwischen wieder berufstätig ist. Der Tagesablauf ist voll durchgeplant. Zu Hause kann sich Christian zurückziehen in eine Phantasiewelt, in der er groß und mächtig ist. Seine Lieblingsfigur ist der Puma. Stark, schnell, lautlos. «Manchmal hören wir Christian stundenlang nicht», erzählt seine Mutter, «so ist er in sein Spiel vertieft.» Diese Stunden genießen die Eltern verständlicherweise. Lautlos schleicht der Puma durch den Urwald. Blitzschnell greift er an. «Aus heiterem Himmel kneift Christian seine kleine Schwester.» Es macht den Eltern Sorgen, daß er die Kleine oft ärgert. Die Eltern schimpfen häufiger mit ihm als mit den anderen Geschwistern.

Nadines Mutter erlebt Christian oft unsicher und ängstlich. «Im Kindergarten läuft er weg, wenn er mich sieht. Einmal sah er mich und sagte: ‹Hau ab!›. Ich habe das Gefühl, daß er mich deswegen anmotzt, weil er zeigen will: ‹hier, ich bin auch noch da. Übersieh mich nicht. Aber komm mir nicht zu nahe, sonst beiße ich.›»

Der Kindergarten machte Christian zunächst Angst. Ältere Kinder ärgerten ihn. Die «Rabauken-Bande» ist ein Mittel, sich Respekt zu verschaffen und zu behaupten. Die Kinder merken: Durch aggressives Verhalten habe ich weniger Angst. Die anderen haben Angst vor mir. Immer wenn ein neues Kind in die Gruppe kommt, zeige ich erst mal, wer Herr im Hause ist. Das ist ein gutes Gefühl und – es verstärkt gleichzeitig aggressives Verhalten.

Erwachsene reagieren mit Schimpfen. Dadurch fühlt Christian sich unsicher. Er weiß, daß er diese Unsicherheit durch Aggressionen bewältigen kann. Und so weiter.

Aggressives Verhalten zu ignorieren ist allerdings auch kein Weg. Erzieherinnen, die sich gar nicht äußern, zeigen den Jungen: «Wir finden euer Verhalten in Ordnung.» Warum sollten sie sich also ändern?

Christians und Nadines Mütter haben über die Gespräche Kontakt zueinander gefunden. Sie beschließen, hin und wieder gemeinsam zum Spielplatz oder ins Schwimmbad zu gehen. Wenn Christian außerhalb des Kindergartens nicht unter dem Gruppendruck seiner Bande steht, können die Kinder vielleicht eher miteinander spielen. Frau B. regt einen Elternabend an zum Thema: Wie können Mädchen unterstützt werden?

«Das ist doch jetzt ein Machtkampf!»

Sara ist heute die letzte im Kindergarten. Kurz vor 16 Uhr sagt Regine, die Erzieherien: «Jetzt müssen wir aufräumen.» Sara spielt weiter. Regine ist ärgerlich. Heute wird sie sich durchsetzen! Sie muß Sara zeigen, daß die Regeln im Kindergarten auch für sie gelten. Nach drei weiteren Versuchen sagt Regine energisch: «Wir beide gehen hier erst raus, wenn aufgeräumt ist.» Diese «Kampfansage» beantwortet Sara mit einem Wutanfall. Sie schmeißt sich auf den Boden, trampelt und weint hysterisch. In diesem Augenblick kommt die Mutter zur Tür herein. Das Schreien und Weinen wird noch stärker.

Regine fühlt sich elend. Es ist ihr unangenehm, Frau P. als Zuschauerin zu haben. Sara schreit, als wäre ihr etwas Schreckliches angetan worden. Frau P. sieht Regine fragend an. Sara läuft auf ihre Mutter zu und klammert sich an den Mantel. Regine erklärt, daß Sara ihre Sachen wegräumen müsse. «Ach, komm schon Sara, ich helf dir», sagt ihre Mutter und beginnt, die Bauklötze aufzuheben. Sara hebt langsam einige Klötze auf. Als sie herausgeht, sieht sie Regine herausfordernd an.

Regine kocht vor Wut. Sie hat sich auf einen Machtkampf eingelassen und ihn verloren. Sara ist ein Biest! Schreit wie am Spieß, nur um ihre Mutter zu beeindrucken. Ich muß mit Saras Mutter sprechen. Ich kann mich nur durchsetzen, wenn die Eltern mich unterstützen, sagt sie sich.

Entweder du setzt dich durch oder ich! Nach diesem Schema verlaufen viele Konflikte.

Der Sieger sieht sich bestätigt: Durch Druck erreiche ich das Ziel meiner Wünsche. Andererseits ist auch klar: Der nächste Machtkampf kommt bestimmt. Und mit ihm die ganze Wut des Verlierers. Dieses Ritual zu durchbrechen ist schwer.

Karen ist so dominant!

Herr und Frau M. fahren mit der dreijährigen Karen zu den Großeltern. Während der Autofahrt unterhalten die Eltern sich. Herr M. hat berufliche Sorgen. Karen ruft aus dem Hintergrund: «Paaapi ...» Der Vater: «Ja, mein Schatz, was ist denn?» «Papi, wann sind wir da?» – «Es dauert nicht mehr lange.» Die Eltern unterhalten sich weiter. Nach zwei Minuten: «Papi, wann fahren wir mal wieder nach Wangerooge?» – «Ach, Schatz, bald», sagt der Vater zerstreut, nimmt den angefangenen Satzanfang wieder auf «... Und dann sagt mein Chef ...» – «Papi, fällt bald Schnee?» So geht es eine ganze Zeit weiter. Mutter und Vater versuchen, dem Kind einigermaßen gerecht zu werden, jedoch ist das Gespräch auf zwei Ebenen unbefriedigend.

Karen wird zunehmend beharrlicher, weil der Vater nur abwehrt. Zwar ist er freundlich, er schenkt aber eigentlich seiner Frau die Aufmerksamkeit. Der Kommunikationsanspruch des Kindes soll schnell befriedigt werden, dann will man aber wieder seine Ruhe haben. Karen wird fordernder: «Papa, wir sollen ganz bald nach Wangerooge fahren!», sagt sie laut und bestimmt. «Naja, vielleicht nehmen Opa und Oma dich bald mal mit.» Gerade will er seinen Satzanfang wieder aufnehmen, da brüllt Karen: «Nein, nein, nein, nur mit dir will ich dahin fahren. Ich will nicht mit Oma und Opa.» – «Jaja, ist schon gut, war ja nur ein Vorschlag», meint die Mutter beschwichtigend. Karen schreit jetzt fast: «Wir sollen alle drei nach Wangerooge fahren.» Endlich ist es ihr durch Tonlage und Lautstärke gelungen, die ungeteilte Aufmerksamkeit der Eltern ganz auf sich zu lenken. Um sie zu beruhigen, liest Frau B. ihr etwas vor.

Karen hat gelernt: Durch forderndes Verhalten kann ich Aufmerksamkeit erzwingen. Ihre Eltern zeigen ihr oft, daß etwas einmal zu sagen nicht genügt. So hat Karen sich angewöhnt, gleich aufzutrumpfen.

Möglichkeiten, seinen Willen zu bekommen, gibt es viele. Manche Kinder setzen Quengeln, Schreien, Hauen, Sich-auf-den-Boden-Werfen gezielt ein, weil sie erfahren haben, daß sie ihren Willen damit durchsetzen können. Der gleichbleibend freundliche Ton der Eltern ist wie ein Einverständnis mit Karens Verhalten.

Rache ist süß ...

Der fünfjährige Tim ist sauer. Sein Bruder hat zu ihm gesagt: «Laß uns in Ruhe, du bist zu klein.» Immer öfter spielt Manuel, 8, jetzt den ganzen Nachmittag mit anderen und läßt ihn links liegen. Tim freut sich auf den Ausflug in den Park mit dem tollen Klettergerüst. Er guckt bitterböse, als seine Eltern kurz halten, um Manuels Freund Lars mitzunehmen.

Beim Toben auf dem Klettergerüst verletzt sich Lars sehr

schmerzhaft. Tim sagt laut und fast triumphierend: «Ich freue mich, daß er sich weh getan hat.»

Sein Vater gibt ihm eine Ohrfeige. «Ich war entsetzt über Tims Sadismus», sagt er später. «Ich habe gar nicht nachgedacht, hatte nur den Wunsch, ihm jetzt auch weh zu tun. Vielleicht war's unüberlegt, aber eine Strafe hat er ja wohl verdient.»

Ist Tims Verhalten normal? Verlangt wird, aggressive Gefühle nicht zu zeigen. Das lernen auch schon ganz kleine Kinder. Wir wissen aber nicht, wie oft Schadenfreude dennoch da ist.

Tim wird lernen, Wut und Haß nicht zu zeigen, weil das unangenehme Folgen hat. Seine Haßgefühle verschwinden aber dadurch nicht. Mit-Gefühl in solchen Situationen kann man nicht erzwingen, denn sich in andere hineinzuversetzen setzt eigene Stärke voraus, und die hat Tim nicht, wenn er gerade eifersüchtig ist. Ich plädiere nicht dafür, sadistische Äußerungen kommentarlos hinzunehmen. Allerdings nützen bei Kindern, die diese Gefühle offen zeigen, keine Benimm-Regeln. Sie brauchen eine ernsthafte Auseinandersetzung.

Sendungen, in denen es von gegenseitigen Gemeinheiten in der lieben Familie nur so wimmelt, sind bei erwachsenen Fernsehzuschauern äußerst beliebt. «Die sind so herrlich fies!», sagt meine Nachbarin. Rachegelüste hat wohl jeder mal.

Ein Begriff ist nicht zu fassen

Wo waren Ihre Sympathien bei den geschilderten Beispielen? Verhielten sich Kinder oder Erwachsene aggressiv – oder gar gewalttätig? Wenn Sie mit anderen Eltern darüber sprechen, werden Sie schnell merken, wie sehr die Meinungen darüber auseinandergehen. Hören Sie einen Moment den Eltern der Initiative zu, die mich zu ihrem Elternabend eingeladen hatten.

Aggressiv ist für mich etwas Bösartiges, Hinterhältiges ... wenn jemand absichtlich einen anderen quält. Bösartig? Interpretieren Sie nicht zuviel in diesen Begriff hinein? Aggressives Verhalten kann man doch beschreiben: Schlagen, Hauen, Ärgern – und zwar über ein normales Maß hinaus.

Was heißt denn schon normal? Wo setzen Sie die Norm? Bei den unauffälligen Kindern oder bei den eher lebhaften, die schon mal hauen, wenn ihnen einer was will?

Ich meine, hier im Kindergarten taugt der Begriff Aggression nicht. Schließlich sind alle im Trotzalter, da lernen sie eben, sich durchzusetzen, aber das ist schließlich nur eine Phase.

Na, wir müßten wohl auch über die Aggressionen der Eltern reden. Heute wird zwar kaum noch geschlagen, aber Drohen und Erpressen sind ja wohl auch aggressiv. Wenn du das nicht machst, lese ich dir heute keine Geschichte vor. Liebesentzug kann für ein Kind viel härter sein als ein Klaps!

Ja, mit Worten zu verletzen haben Erwachsene ganz schön raus.

Aggression geht für mich noch viel weiter. Die ganze kaputte Umwelt, Rüstung, das finde ich viel aggressiver als ein Streit unter Kindern.

Wieso finden hier eigentlich alle Aggressionen so negativ? Ich finde, eine gewisse Portion Aggression braucht jeder. Es gibt so was wie einen gesunden Selbsterhaltungstrieb. Wenn mein Kind geschlagen wird, dann wünsche ich mir, daß es sich wehrt.

Aggression oder Gewalt?
Wir sprechen heutzutage oft von Aggression und Gewalt, ohne zu wissen, ob wir über dasselbe reden. Nach einer Untersuchung des Deutschen Jugendinstituts (DJI) werden die Begriffe «Aggression»

Traurig oder böse? Auf jeden Fall ist Christian heute ungenießbar.

und «Gewalt» in Publikationen zur Kindererziehung erst seit wenigen Jahren «inflationär» verwandt. Früher benutzte man für die gleichen Situationen meist das Wort Konflikt – hört sich doch viel weniger schlimm an, oder nicht (DJI 1996, S. 34)?

In den sieben Beispielen ging es um Konflikte. Wörtlich aus dem Lateinischen übersetzt heißt Konflikt: Zusammenstoß, Zusammenprall. Kinder und Eltern haben unterschiedliche Bedürfnisse: Zwei Kinder wollen dasselbe Spielzeug haben, ein Kind fühlt sich zurückgesetzt oder ausgeschlossen. Die Kinder (oder auch Eltern) sind darüber wütend, traurig, enttäuscht und zeigen dies auf ganz unterschiedliche Weise.

Es muß also unterschieden werden zwischen Bedürfnissen, Gefühlen – die andere nicht sehen können – und Handlungen. Aggressive Handlungen können von sehr unterschiedlichen Gefühlen gesteuert sein. Tim ist traurig, Karen will Zuwendung, Sebastian hat Angst, und Daniel genießt seine Macht über das Auto. Können Sie diese kindlichen Gefühle und Bedürfnisse akzeptieren? Sicherlich ja. Oft werden aber aggressiven Handlungen auch «böse» Gefühle unterstellt und schon diese Gefühle als negativ für das Zusammenleben bewertet.

Der Aggressionsforscher Friedrich Hacker nennt Aggression eine jedem Menschen innewohnende Energie, die sich in den verschiedensten Formen von Selbstbehauptung bis zur Grausamkeit ausdrücken kann. Ähnlich definiert der Psychologe George Bach Aggression: «Der Begriff Aggression beschreibt nur, wie wir das, was wir brauchen oder wollen – im emotionalen, materiellen oder geistigen Sinn –, von der Welt und den Menschen dieser Welt bekommen. Die Aggression braucht auch der Sanfteste unter uns, um überleben zu können» (Bach, 1987, S. 52). Danach sind alle in meinen Beispielen beschriebenen Verhaltensweisen aggressiv – und notwendig – für die Selbstbehauptung gegenüber anderen Kindern und Erwachsenen.

Schön und gut, werden Sie sagen, aber Kinder müssen ja irgendwie lernen, daß man nicht alles tun darf und auch die Bedürfnisse anderer respektieren muß. Kinder brauchen von Erwachsenen Maßstäbe und Grenzen, wenn sie andere ernsthaft verletzen, traktieren oder unter Druck setzen wollen. Im Gegensatz zu Hacker und Bach schlagen andere Wissenschaftler deshalb vor, den Begriff «Aggression» nur für sozial unerwünschtes Verhalten zu benutzen.

Der Entwicklungspsychologe Petermann bezeichnet Aggressivität als Verhaltensdefizit. Er erläutert das so: Aggressive Gefühle wie Wut, Ärger, Zorn habe jeder, ein Defizit liege dann vor, wenn Menschen diese Gefühle immer wieder in aggressivem Verhalten ausdrücken, weil sie nicht gelernt haben, diese anders zu verarbeiten. Um das an meinen Beispielen zu erklären: Sebastian (s. S. 16) ist durch die Geburt seiner Schwester verunsichert und isoliert im Kindergarten. Manche Kinder sind in dieser Situation besonders anhänglich und klammern sich an die Erzieherinnen, andere ziehen sich in sich zurück. Es gibt Kinder, die ihre Wut gegen sich selbst richten und an Nägeln kauen oder sich Haare ausreißen. Se-

bastian haut zu und stört das Spiel anderer Kinder. Geduldige und
einfühlsame Erwachsene können Sebastian helfen, mit seiner
Angst anders umzugehen und andere Kinder nicht abzustoßen.
Sara (s. S. 20) setzt Aggression als Mittel ein, um andere zu zwin-
gen, ihre Wünsche zu erfüllen. Es stört sie nicht, wenn Erzieherinnen oder Eltern mit ihr schimpfen. Wichtiger ist ihr, daß sie nicht
aufräumen muß. Erst wenn Sara erfährt, daß sie ihr Ziel mit
Schreien nicht erreicht, wird sie aufhören, Aggression als Macht-
mittel zu benutzen.

Gut und böse sind moralische Kategorien. Es gibt heute weniger
allgemeingültige Normen und Werte als früher. Lebendig, selbst-
sicher, aktiv, neugierig oder dominant, tyrannisch, egoistisch, aggressiv? Oft scheint Gutes und Böses nah beieinander zu liegen.
Die Aggressionsforschung beschreibt Ursachen und Zusammenhänge. Sie kann uns nicht abnehmen, selbst zu bewerten, wo ein
gesundes Durchsetzungsvermögen oder die Verteidigung berech-
tigter Interessen aufhören und Machtausübung beginnt.

Beziehung und Situation bestimmen die Aggression

Die von mir geschilderten Situationen sind sehr unterschiedlich.
Eine Handlung ist ohne den Zusammenhang, in dem sie steht, aber
gar nicht zu verstehen. Je nach Blickwinkel kann dasselbe Verhalten als versehentlich, tolpatschig, hinterlistig oder ungezogen bewertet werden. Unsere Beziehung zum Kind spielt dabei eine große
Rolle. Für die Nachbarin ist das dauernd dazwischenredende Kind
ein penetranter Störenfried, die Oma freut sich über den aufge-
weckten Enkel.

Aggressiv sind meist «die anderen». Auf die Frage «Warum hast
du gehauen?» antworten Kinder: «Weil der andere mich geärgert
hat.» Auch Erwachsene rechtfertigen ihr eigenes aggressives Verhalten schon mal mit Streß, Notwehr, «Schlimmeres verhüten»
oder geben ihm eine «pädagogische Weihe» und bezeichnen es als
sinnvolle Erziehungsmaßnahme. Ob etwas aggressiv ist, läßt sich
also gar nicht objektiv bestimmen, sondern hauptsächlich daran,
wie es beim anderen ankommt.

Weil das Thema Aggression und Gewalt so komplex ist, geht man heute davon aus, daß es keine einfachen Ursache-Wirkung-Zusammenhänge gibt, sondern sich viele Faktoren gegenseitig beeinflussen. Vor allem greift der Blick auf das einzelne Kind zu kurz, denn «Aggressionshandlungen (sind) immer in kommunikative Zusammenhänge eingebettet und nicht einfach als persönliche Eigenart oder gar Fehlverhalten einzelner Individuen zu betrachten oder zu behandeln» (DJI 1996, S. 32). Wenn Sie sich jetzt noch einmal die Beispiele vor Augen führen: Ist etwa Tims Verhalten (s. S. 22) die Ursache für die Ohrfeige, die ihm sein Vater gibt? Oder reagiert Tim nur darauf, daß sein Bruder ihn nicht mitspielen läßt? Tims Vater wiederum hat nur einen Bruchteil der Wirklichkeit wahrgenommen. Es gibt deshalb keine guten oder bösen Aggressionen, entscheidend ist, was die jeweilige Handlung bewirkt, ob sie einen Konflikt löst oder verschlimmert. Die Spontanreaktion seines Vaters hat Tims Konflikt – Eifersucht – nicht gelöst, sondern sogar verstärkt.

Viele Psychologen und Pädagogen gehen heute von einer «systemischen Sichtweise» aus. Danach weist andauerndes aggressives Verhalten auf Beziehungsstörungen oder unbefriedigte Bedürfnisse in der Familie und im weiteren Umfeld des Kindes hin. Ein aggressives Kind weist seine Umwelt mit allen ihm zur Verfügung stehenden Mitteln darauf hin, daß etwas nicht in Ordnung ist. Not macht erfinderisch, könnte man diese Strategie auch nennen. Sebastian (s. S. 16) gelang das. Sein Hauen brachte die Erwachsenen dazu, sich zusammenzusetzen. Wenn Eltern, Erzieherinnen, Lehrer und andere Beteiligte sich selbst als Teil des Problems begreifen, entstehen Lösungen, bei denen alle Verantwortung übernehmen.

Aus Erfahrung wird man klug

Daß eigene Erfahrungen wertvoller als Belehrungen sind, gilt auch für den Umgang mit Gefühlen. Und um heftige Gefühle geht es immer, wenn wir von Aggressionen sprechen. Die Beispiele dieses Kapitels zeigen, daß Wutausbrüche und Machtkämpfe zum Alltag der Kinder gehören. Fragen Sie sich statt «Kann man Aggressionen vermeiden?» einmal: «Kann man Wut vermeiden?». Das mag Ihnen zunächst als unsinnige Unterscheidung vorkommen. Klar wird so aber, daß es um bestimmte Verhaltensweisen geht, die wir nicht tolerieren wollen. Zeigen Sie Kindern darum, daß Sie ihre Gefühle respektieren. Schimpfen bewirkt nur, daß Kinder kurzfristig ihr Verhalten ändern. Meist so lange, bis der Erwachsene außer Sichtweite ist. Handeln ist wirkungsvoller als Schimpfen und stellt Kinder nicht bloß. Gerade kleinen Kindern eröffnet die Veränderung ihrer Umgebung plötzlich ganz neue friedlich-lustvolle Perspektiven: Statt einem Vortrag über «Teilen» bieten Sie besser Aktivitäten an, die Kindern gemeinsame Freude vermitteln. Etwa, wenn nur ein Rutschauto vorhanden ist, ein Abwechselspiel erfinden: «Bushaltestelle mit Einsteigen und Aussteigen», oder «einen Anhänger suchen». Manchmal kann man einen Streit voraussehen und ihm durch die Vereinbarung einer Regel aus dem Weg gehen.

Aggressives Verhalten ist oft Ausdruck von Sprachlosigkeit und fehlenden Handlungsalternativen. Das Kind sieht, daß es seinen Wunsch nicht befriedigen kann, kennt aber keine Möglichkeiten, vielleicht anders oder später zum Ziel zu kommen und einen Ersatz zu finden. Im zweiten Kapitel werde ich ausführlicher beschreiben, wie sich die sozialen Fähigkeiten in den ersten Lebensjahren entwickeln.

Erfahrungen mit Angst, Wut und Zorn sind nichts Negatives. Im Gegenteil. Warten Sie deshalb ab, ob die Kinder ihren Konflikt alleine lösen. Eingreifen oder Ablenken sind eher Notlösungen, z.B. bei großen Altersunterschieden oder wenn ernsthafte Verletzung drohen.

Kapitel 2
Aggressionen – angeboren oder erlernt?

«Gehört, nach jahrtausendelangen Zähmungsversuchen des Wolfs im Menschen, den Unerzogenen die Zukunft?» fragt DER SPIEGEL in einem Artikel über Aggression und Gewalt in der Familie (9/95, S. 44). Wenn Aggressionshandlungen scheinbar unerklärlich sind, wird oft auf Trieb- und Veranlagungstheorien zurückgegriffen. Für manche Eltern ist es nur so zu erklären, warum ihr Sohn sich so anders als die Tochter verhält. Oft werden Persönlichkeitsmerkmale als ererbt angesehen: Sein Opa war genauso, sie kommt auf ihre Tante raus, heißt es dann zum Beispiel.

Männer und Frauen verhalten sich verschieden, Menschen haben unterschiedliche Temperamente. Wenn Charakterzüge sich in aufeinanderfolgenden Generationen ähneln, muß das allerdings nichts mit den Genen zu tun haben: Es werden eben auch unbewußt familiäre Rollenverteilungen und elterliches (Erziehungs-)-Verhalten weitergegeben.

«Das steckt im Menschen drin!» – Die Theorie vom Aggressionstrieb

Prominentester Vertreter dieser Richtung sind die Verhaltensforscher Konrad Lorenz und Irenäus Eibl-Eibesfeldt. Sie beobachteten aggressives Verhalten bei Tieren. Dort hat es die Funktion, eine Rangordnung herzustellen, durch natürliche Auslese die stärksten Tiere zur Weiterzucht auszuwählen, Reviere zu verteilen und die Nachkommenschaft zu verteidigen. Aggression hat somit in der Tierwelt nach Lorenz und Eibl-Eibesfeldt eine arterhaltende, lebensnotwendige Funktion.

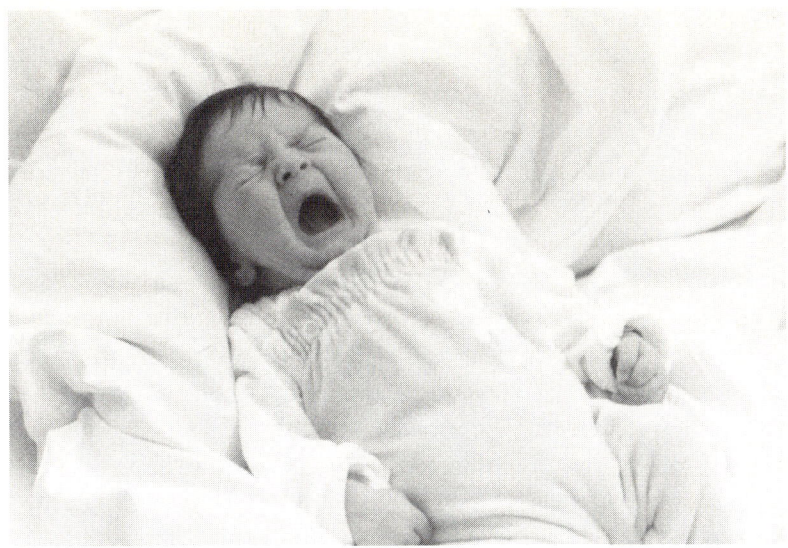

Wut, Angst oder einfach Hunger – wer weiß schon, warum das Kleine schreit?

Lorenz kommt zu dem Schluß, daß Aggression nicht etwas an sich Böses, sondern nur ein sogenanntes Böses ist, dessen positive Wirkungen die negativen überdecken. Triebtheoretiker nehmen an, daß diese Instinkte auch beim Menschen wirken und nicht durch Erziehung zu beseitigen sind. Sie schlagen vor, Aggressionen z.B. im Sport abzureagieren und in vernünftige Bahnen zu lenken. Lorenz und andere Verhaltensforscher scheinen zunächst die geschichtlichen Fakten auf ihrer Seite zu haben. Die menschliche Entwicklung ist eine Geschichte voller Gewalt und Kriege. Jedem fallen bei den Begriffen Imponiergehabe, Drohgebärde, Revierverteidigung sofort Situationen aus dem Alltag ein. Also doch naturgegeben?

Auch wenn der gesunde Menschenverstand dafür spricht, beweisen läßt sich diese Theorie nicht. Andere Verhaltensforscher weisen auf viele Schwachstellen oder Widersprüche bei Lorenz' Experimenten hin. Die entscheidende Kritik muß aber an der direkten Übertragung von tierischem auf menschliches Verhalten

ansetzen. Der Mensch hat in seiner Jahrtausende dauernden Entwicklung seine Instinkte nicht in ihrer ursprünglichen Form beibehalten. Sie traten im Laufe des Zivilisationsprozesses immer mehr zugunsten gelernten Verhaltens zurück. Einen wichtigen Beitrag zur Widerlegung der Triebtheorie leistete die Kulturanthropologie. In einer Analyse von Berichten über dreißig sogenannte primitive Kulturen unterscheidet Erich Fromm (vgl. 1977) drei Typen:
– Lebensbejahende Gesellschaften, die sehr friedfertig sind.
– Für die nicht-destruktiv-aggressiven Gesellschaften haben Aggressivität und Krieg zwar keine zentrale Bedeutung, sind aber doch normale Vorkommnisse. Rivalität, Hierarchie und Individualismus sind regelmäßig anzutreffen.
– In destruktiven Gesellschaften sind Gewalttätigkeit, Zerstörungslust und Grausamkeit typisch.

Ein Beispiel für eine friedfertige Gesellschaft sind die Polar-Eskimos. Vor dem Kontakt mit der Zivilisation kannte die Sprache der grönländischen Eskimos kaum Schimpfworte und kein Wort für Krieg. Über weiße Matrosen, die sich zankten und prügelten, sagten die Eskimos: «Die halten einander nicht für Menschen!»

Kinder wurden praktisch nie geschlagen. Der Spielpädagoge Terry Orlick hat das friedliche kooperative Zusammenspiel der Eskimokinder beobachtet und viele ihrer Spiele gesammelt. Einige finden sich im Spieleteil dieses Buches wieder.

Was uns das Beispiel der Polar-Eskimos zeigt: Besitzverhältnisse, Rechtsformen, Institutionen, Sitten und Gebräuche steuern unser Verhalten mindestens genauso wie sicherlich vorhandene und ererbte Reaktionsmechanismen bei Gefahr und Angst.

«Ich bin gefrustet!» –
Die Frustrations-Aggressions-These

Meine Tochter Franziska ist sauer. So lang hatte sie sich die Berichtigung des Diktats nicht vorgestellt. Wütend heult sie mehrmals auf. Der Nachmittag ist einfach zu kurz. Die Zeit reicht kaum noch zum Schwimmengehen. Mit dem neuen Stoffhund wollte sie auch noch spielen.

Sie ruft: «Ich mach die Berichtigung nicht zu Ende.» Kampfansage! Ich überlege: Soll ich jetzt darauf bestehen? Wenn ich das durchgehen lasse, setze ich womöglich ein Zeichen für die Zukunft. Schließlich erwartet die Lehrerin von mir, daß ich auf die Erledigung der Hausaufgaben achte. Erst mal ruhig bleiben. Ich setze auf Vernunft.

«Deine Lehrerin wird nicht einverstanden sein, wenn du die Berichtigung morgen nicht fertig hast.» Franziska steigert sich durch meine «vernünftige Argumentation» in ihren Ärger hinein: «Ist mir ganz egal!» Ich lasse sie überlegen. Sie macht noch ein paar Zeilen. Zornig fährt sie mich an: «Jetzt ist Schluß, mehr mach ich nicht.» Ich mag nicht so angemotzt werden. «Bitte reg dich wieder ab, dann können wir gehen», sage ich. Da wird sie erst richtig wütend. «Dann geh ich eben allein ...», packt ihre Sachen und will losgehen. Ich bin sauer, weil Franziska mich anschreit. Soll sie ihren Ärger in der Schule loslassen, wenn die Hausaufgaben zu lang sind!

Wenn ich mich jetzt auf den Streit einlasse, schimpfen wir stundenlang, ich über ihr Motzen, sie über die Schule. Jetzt weiß ich: Aufs Schwimmen will ich deshalb nicht verzichten!

Wir trotten nebeneinander her. «Na gut, ich fahr mit dir, aber ich rede nicht mehr mit dir», sagt Franziska. Wir reden nur noch das Nötigste. Ich akzeptiere, daß sie sich zurückzieht, finde es angenehm, selbst abschalten zu können.

Nach einer Stunde im Wasser haben wir beide uns ausgetobt. Als wir zurück zum Auto gehen, erzählt Franziska mir vom Besuch der Schulklasse bei der Feuerwehr. Wenn Kinder Ärger haben, ist es schwierig, Distanz zu wahren, denn wir sind vielfältig betroffen. Ist das Kind allein in der Lage, diese Frustration auszuhalten? Wir lassen uns einbeziehen, weil wir oft etwas abkriegen, auch wenn andere gemeint sind. Kinder können ihre Konflikte aber allein lösen, wenn wir es ihnen zutrauen.

Als wir nach Hause kommen, sagt Franziska: «Jetzt mach ich meine Berichtigung zu Ende, und du machst das Abendbrot. Darf ich danach im Bett noch was spielen?» Einige Zeit später löscht sie das Licht und schläft ein.

Ich denke noch nach. Ich bin froh, daß ich die Spannung ausgehalten habe. Oft scheint es einfacher, Dinge für Kinder zu entscheiden und zu regeln. Der Alltag soll reibungslos laufen. Kinder funktionieren aber nicht immer nach Regeln. Das ist gut so.

Aggressives Verhalten richtet sich nicht unbedingt gegen die eigentliche Ursache oder den Verursacher. Es kann auch «verschoben» werden auf andere. So bekam ich die Wut ab, die der Schule galt. In der Geschichte von Christian (s. S. 18) bekommt Nadine dessen Frust über den Kindergarten und seine Geschwister zu spüren. Beides kann Christian nicht ändern. «Mädchen sind blöd» ist sein Ventil.

Frustrationstoleranz

Nahezu jeder «Reiz» kann aggressives Verhalten auslösen. Aus dieser Beobachtung leiteten die amerikanischen Forscher J. Dollard und N. E. Miller ihre «Frustrations-Aggressions-Hypothese» ab. Als Frustration bezeichnen sie jede Einschränkung von Bedürfnissen und Zielen. Franziska war frustriert, weil ihr Spielbedürfnis nicht mit den Hausaufgaben in Einklang zu bringen war.

Jeder Tag bringt viele frustrierende Situationen mit sich. Eltern wecken ein Kind abrupt auf, brechen ein Spiel mit einem «Komm, wir müssen jetzt nach Hause!» ab. Wenn ein Kind rausstürmt, halten die Erwachsenen es zurück, weil es noch einen Regenmantel anziehen soll. Es hat sich auf ein Eis gefreut, aber der Eisladen hat geschlossen. Kinder reagieren darauf ungeduldig und zornig. Es dauert lange, bis Kinder die Regeln der Erwachsenenwelt verstehen, zum Beispiel, daß Geschäfte, wie z. B. die Eisdiele, zu bestimmten Zeiten geschlossen sind. «Man kann jetzt nichts kaufen!» – für uns ein bedauerlicher Sachzwang, für Kinder zunächst Willkür. «Du hast es mir aber versprochen!» Kindliche Logik. Ich bin nicht im Bunde mit dem Eismann. Kinder verstehen und akzeptieren die Begründungen mit der Zeit, wenn wir sie nicht als dumm und ihren Ärger als unberechtigt hinstellen. Sie bauen «Frustrationstoleranz» auf, d. h. sie nehmen Versagungen hin und lernen, Bedürfnisse aufzuschieben. Manche Eltern versuchen, ihrem Kind diese Frustrationen zu ersparen und nehmen ihm damit wichtige Lernmöglichkeiten. Selbst-Bewußtsein kann nur in Auseinandersetzung mit dem Gegenüber wachsen. Vielleicht können Sie aus dieser Sicht dem nächsten Streit sogar etwas Positives abgewinnen!

Der Einfluß des Selbstwertgefühls

«Frust kann zu aggressivem Verhalten führen. Diese Erfahrung hat sicher jeder schon gemacht. Spannend ist für mich allerdings die Frage, warum und wann auf Frust kein aggressives Verhalten folgt. Vielleicht können wir daraus einiges für ein friedlicheres Zusammenleben lernen …

Ich sitze am Schreibtisch und arbeite. Franziska spielt draußen mit ihrer Freundin. Plötzlich stürmt sie herein: «Mama, gibst du uns Groschen für den Kaugummi-Automaten?» – «Nein, jetzt nicht», sage ich. Franziska ist schon wieder aus der Tür. «Kriegen wir nicht», schreit sie ihrer Freundin entgegen. Das war's. Nicht immer wird mein Nein so gelassen akzeptiert. Es gibt Tage, da kommt wütendes Schimpfen. «Nie gibt's bei uns was Süßes», und wenn ich dann nicht klein beigebe, argumentiert und rechnet sie auf: Die Anita darf sich jeden Tag was kaufen, die kriegt viel mehr

Taschengeld als ich. Erwachsene dürfen sich alles kaufen, was sie wollen. Und überhaupt: Die Welt ist schlecht, und Franziska ist umgeben von gemeinen Erwachsenen. Ich kenne diese «Weltuntergangsstimmung» von mir selbst. Manchmal bedarf es nur einer klitzekleinen Enttäuschung, dann reicht's. Ich hatte mich vorher schon über anderes geärgert, aber nichts gesagt, denn es waren ja nur Kleinigkeiten. Jetzt werde ich wütend, und aufgestauter Ärger kommt hoch. «Moment mal», sagt mein Mann, «das hat doch gar nichts damit zu tun.» – «Hat es wohl», entgegne ich und «beweise» es ihm.

Wenn es uns gutgeht, wir uns geliebt und anerkannt fühlen, können wir einiges aushalten. Ein Nein oder selbst einen Anschnauzer stecken wir weg. Für ein angeknacktes Selbstbewußtsein sind das aber schon Frontalangriffe auf die eigene Person. Auch wenn alter Groll und Ärger nicht verarbeitet sind, dann genügt eine Kleinigkeit, damit wir uns angegriffen fühlen. Wichtig sind deshalb mit etwas älteren Kindern Gespräche.

Wenn Kinder sich in ihrer ganzen Person abgelehnt fühlen, fällt es ihnen schwer, Frustrationen auszuhalten. Totale Ablehnung signalisiert beispielsweise häufiges Schimpfen wie: «Immer mußt du alles kaputtmachen.» Was für die Familie gilt, trifft für Gruppen ebenso zu: Kinder, die isoliert sind, entwickeln ein so geringes Selbstbewußtsein, daß sie sich bei allem und jedem angegriffen fühlen und völlig unangemessen losschreien, schimpfen oder auch schlagen. Die Umgebung fühlt sich bestätigt, dieses Kind ist nervig, man müßte es hart anfassen. Im Kindergarten entsteht dann manchmal der Wunsch, ein solches Kind aus der Gruppe zu entfernen. Für die anderen Familien eine einfache Lösung. Das Kind wird dadurch allerdings in seiner Rolle bestätigt – und seine Eltern meist auch. Ein Teufelskreis kann entstehen. Der schwierige Weg erfordert Zeit und Geduld bei allen. Nur positive Beziehungen können dem Kind helfen, sich anders zu verhalten. Die Erzieherin braucht dabei oft zusätzliche personelle Unterstützung, Beratung und eben auch die Geduld der anderen Eltern.

«Woher hat das Kind das bloß?» –
Theorien des sozialen Lernens

Hauen, Schimpfen, Drohen lernt man genauso wie Handstand und Schleifenbinden, sagt die Lerntheorie. Einfach durch Hinsehen und Nachahmen.

Wenn Mama in der Küche steht, rührt das Kind im Puppenge-schirr, mit dem Teddy spielt es Ins-Bett-Bringen, im Rollenspiel schimpft es mit den bösen Puppen, so wie vorher die Eltern ge-schimpft haben. Kinder machen einfach alles nach. Irgendwann zeigen sogar Gestik, Mimik und der Tonfall, daß sie Vaters und Mutters Tochter sind.

Weil Kinder sich zur Bildung ihrer Identität mit dem gleichge-schlechtlichen Elternteil identifizieren, ist das Vorbild der Eltern im Umgang mit Ärger und Konflikten besonders wirksam. Doch

«Von mir jedenfalls hat sie diesen Trotzkopf nicht!»

auch Geschwister, Spiel- und Klassenkameraden, Erzieherin und Lehrer sind «Modelle» für ihr Verhalten. Es ist also ganz richtig beobachtet, wenn Eltern sagen: «Das hat sie bei ihrem Bruder gesehen!» Oder: «Das hat er aus dem Kindergarten!»

Und es gibt wohl kein Kind, daß nicht irgendwann aus dem Kindergarten mit Schimpfwörtern nach Hause kommt, deren Bedeutung es manchmal gar nicht kennt, die sich aber herrlich eignen, Erwachsene zu ärgern.

Um Kindergartenkindern einen anderen Umgang mit Aggressionen zu zeigen, fand in den siebziger Jahren folgender Versuch statt: In einem Theaterspiel lernten sie, die Wörter «alpha», «beta», «gamma» als Ausdrücke für verbale Aggression zu benutzen: «Du bist ein böser Alpha, ich will mit dir nichts zu tun haben», hieß es da z. B. Hinterher gebrauchten die Kinder die neu erlernten, vorher nie gezeigten Aggressionsformen. Sie schrien sich mit alpha, beta und gamma an (vgl. Lischke 1972, S. 70).

Nun läßt es sich nicht vermeiden, daß Kinder aggressives Verhalten beobachten und kopieren. Regulierungen nach der Art «Das ist kein Umgang für dich» sind kein Weg. Ich meine eher: Aus Erfahrung wird man klug.

Wir wissen zwar, daß Menschen dazu neigen, Verhalten nachzuahmen. Andererseits sind Menschen keine Roboter, die man programmieren kann. Sicherlich spielen Kinder, die zum Beispiel einen Film mit wilden Schlägereien gesehen haben, diese Szenen nach. Nach-Spielen ist ihre Form der Verarbeitung. Welchen Stellenwert das Gesehene aber als Vorbild für eigenes Konfliktlösungsverhalten hat, kann für jedes Kind verschieden sein. Der Medienforscher Jan-Uwe Rogge weist nach, daß die Beispielwirkung dann besonders groß ist, wenn das Kind das Gesehene mit eigenen Erfahrungen in der Familie verbindet (vgl. Rogge 1999).

Aggression macht stark

Die amerikanischen Aggressionsforscher Patterson, Littmann und Bricker beobachteten neun Monate lang bei Kindergartenkindern aggressives Verhalten wie Hauen, Drohen, Beschimpfen, dem anderen etwas Wegnehmen sowie die Reaktionen darauf. Achtzig Prozent der Reaktionen stuften sie als Bekräftigung für den Angreifer ein. Weglaufen, Weinen, Nachgeben (vgl. Nolting 1983, S. 69).

In der Geschichte von Christian (s. S. 18) habe ich über die Rabaukenbande berichtet. Das ängstliche Verhalten der Jüngeren und das Desinteresse der Erzieherinnen ermutigen die Rabauken. In einem anderen Beispiel (s. S. 20) merkte Sara, daß sie mit Schreien und Toben andere hilflos machen und sich so vorm Aufräumen drücken kann ...

«Was kriege ich dafür?» fragen Kinder. Wenn ich brav bin, bekomme ich einen Kuß, werde in den Arm genommen, krieg ich einen Bonbon oder ein strahlendes Lächeln. Auch für «böses» Verhalten gibt es kindliche Rechnungseinheiten: Wenn ich quengele, hört meine Mutter auf zu telefonieren und kümmert sich um mich; wenn ich im Laden laut schreie, ist es ihr vielleicht unangenehm, und sie kauft mir ein Eis. Erfolgserlebnisse verstärken Verhalten. Wir handeln nach diesem Prinzip, wenn wir kleine Kinder loben für selbständiges Essen, Anziehen, aufs Töpfchen gehen. Das Prinzip gilt aber auch umgekehrt: Hat das Kind durch Quengeln, Schreien, Hauen seinen Willen bekommen, und sei es nur, damit Ruhe ist, so wirkt das wie ein Lob, nämlich verstärkend.

Menschen, die sich meist durchsetzen, sind zwar nicht unbedingt beliebt, aber der Erfolg gibt ihnen recht. Dieses Prinzip vermittelt sich Kindern früh. In den Untersuchungen des US-amerikanischen Lernpsychologen Albert Bandura (1979) verurteilten die meisten Kinder zwar das aggressive Verhalten einer Modellperson, sie wollten jedoch lieber den Angreifer nachahmen als den unterlegenen Gegner. Wer hat schon Lust, Verlierer zu sein?

Bandura und seine Mitarbeiter untersuchten auch das Erziehungsverhalten von Eltern, deren Jungen von anderen Kindern und Erwachsenen als besonders aggressiv bezeichnet wurden. Er stellte fest, daß die Eltern das Verhalten ihrer Kinder weitgehend tolerierten und entschuldigten. Sie meinten, ein Junge dürfe sich nicht unterbuttern lassen und kein «Weichling» sein. Die Interviews zeigten sogar, daß die Eltern ihre Söhne bewunderten, weil sie solche Draufgänger waren. Es scheint so zu sein, daß wir aggressives Verhalten häufig unbewußt verstärken. Dieser Kreislauf wird nur unterbrochen, wenn sich aggressives Verhalten für ein Kind nicht mehr «lohnt». Wichtig ist auch, kooperatives Verhalten nicht einfach als selbstverständlich hinzunehmen, sondern Kindern zu zeigen, daß man sich darüber freut.

«Die Klügere gibt nach ...» – Streitkultur früher und heute

«Kinder, vertragt euch doch!» meint meine Mutter beschwichtigend zu uns erwachsenen Töchtern. Meine Schwester und ich sind am sonntäglichen Familienkaffeetisch über die Frage, ob Hausfrau ein eigenständiger Beruf sei, aneinandergeraten. Ich fühle mich an meine Kindheit erinnert. Zumindest vor uns Kindern äußerten meine Eltern ihre Meinungsverschiedenheiten nicht. Allerdings spürten wir genau, wenn «dicke Luft» war. Meine Mutter setzte sich auf ihre eigene Art durch. «Deswegen fange ich doch keinen Streit an!», sagte sie. Trotzdem wurde oft gemacht, was sie wollte. «Sieh mal, die Mädchen wollen es doch auch», sagte sie zu meinem Vater, nachdem sie uns als Verbündete gewonnen hatte. Der kapitulierte dann vor seinen drei Frauen. In materiellen Dingen behielt er sich dafür das letzte Wort vor. Als Mädchen habe ich noch gelernt: Die Klügere gibt nach – aber nicht auf.

Welche Streitkultur habe ich selbst als Kind erlebt?

Das war das Thema in einem Elternseminar.

Eine Frau berichtet: «*Von Zeit zu Zeit rannte meine Mutter schimpfend durchs Haus. Wir Kinder wußten, das geht vorbei, am besten wir gehen ihr aus dem Weg. Es änderte sich nichts dadurch. Wir räumten genausowenig auf wie vorher, sie schimpfte und räumte dann irgendwann unsere Sachen weg. Wenn sie sich über meinen Vater ärgerte, kam sie irgendwann in die Küche und sagte: «Hat der aber heute wieder eine Laune.» Wir empfanden das so, daß sie Dampf ablassen wollte. Eigentlich schluckte meine Mutter ihren Ärger aber eher runter. Mein Vater brüllte auch schon mal. Dann bekam ich Angst. Vielleicht müßte man eher einen Mittelweg finden.*»

Eine andere Frau: «*Ich habe von meinen Eltern in dieser Hinsicht auch nichts Nachahmenswertes gelernt. Ich wußte immer, so wollte ich es bei meinen Kindern nicht machen. Aber es ist unheimlich schwierig, sich anders zu verhalten. Jetzt merke ich selbst, wenn ich meinen Ärger runterschlucke, fassen meine Kinder das als Einverständnis auf. Woher sollen sie denn wissen, was mir nicht paßt? Oder Ärger so zu äußern, daß mein Gefühl nicht mehr erkennbar ist. Zum Beispiel im Konjunktiv zu reden: ‹Ich fände es schön, wenn Du jetzt essen kämst›, statt deutlich zu sagen: ‹Ich bin ärgerlich, weil ich schon zehn Minuten auf dich warte und gemeinsam mit dir essen möchte›.*»

Meine Generation litt unter dem Harmoniebedürfnis der Eltern und dem ungeschriebenen Gesetz, sich in der Öffentlichkeit kontrolliert zu verhalten, Gefühle zu verbergen. Wie die Beispiele zeigen, trugen Eltern auch oft genug ihren Streit nicht untereinander aus, sondern luden ihn bei den Kindern ab oder verbündeten sich mit den Kindern gegen den Partner.
Faires Streiten und offene Kommunikation wurden den meisten

von uns somit nicht in die Wiege gelegt. Ich selbst habe deswegen als Erwachsene Kurse besucht wie z.B. das Gordon-Familientraining (Gordon 1980). Unser heftiges Gespräch war übrigens an jenem Sonntag noch lange nicht zu Ende. Wer sich nicht streitet, kann sich auch nicht vertragen, Mama!

Woher kommen denn nun Aggressionen?

Mir selbst geht es so: Ich finde, an jeder der in diesem Kapitel beschriebenen Aggressionstheorien ist irgend etwas «dran». Sie stimmen mit Alltagserfahrungen überein.

Der mußte mal Dampf ablassen, sagen wir, wenn jemand ohne erkennbaren Grund lospoltert. War ein Trieb die Ursache, wie Konrad Lorenz behaupten würde? Oder hat da jemand nur das Ende einer Kette von Ärger und Enttäuschungen erlebt? Würde er nicht doch, wenn er seinen Gefühlen auf den Grund ginge, die Ursache seiner Reizbarkeit ergründen können?

Frustration führt zu Aggression. Eine Binsenweisheit. Wer könnte nicht mit größter Wahrscheinlichkeit vorhersagen, was passiert, wenn das Kind im Sandkasten jetzt nicht gleich aufhört, meiner Tochter die Förmchen wegzunehmen?

Natürlich wissen wir, Gewalt bringt neue Gewalt hervor. Bedauernd nehmen wir zur Kenntnis, wenn ein mißhandeltes Kind auf die schiefe Bahn gerät. «Kein Wunder, bei dem Elternhaus ...»

Wir halten es für plausibel, daß Horrorfilme Aggressivität anstacheln. Wie stand es doch in der Zeitung: Jugendliche steinigten Rentner. Am Vorabend im Krimi gesehen.»

Für alle verschiedenen Aggressionstheorien gibt es Entsprechungen in unserer Erfahrung. Nur sollten wir auch bedenken: Monokausale Erklärungen nach dem Muster, wenn A, dann immer B, gehen an der Wirklichkeit vorbei. Sie sind zwar bequem, nehmen uns aber die Offenheit, genau hinzuschauen. Ich bin gegen Schubladendenken.

Kapitel 3
Aggressionen in verschiedenen Lebensaltern

Sind beißende Babys böse?

«Ich finde die Spielgruppe ganz schön anstrengend», meint Frau M., über deren Sohn Jonas ich im ersten Kapitel (s. S. 14) berichtet habe, auf einem Elternabend. «Unsere Kinder spielen ja kaum miteinander, sondern nehmen sich eigentlich nur die Sachen gegenseitig weg. Ich sitze dann dabei und fühle mich unwohl, möchte mich am liebsten für meinen Sohn entschuldigen, wenn er ein anderes Kind an den Haaren zieht. Kinder unter drei scheinen ja wohl zu sozialem Verhalten noch nicht in der Lage zu sein.»

Manche Eltern sind enttäuscht und verunsichert über die rauhen Annäherungsversuche und vielen Konflikte unter Kleinkindern. Müßte man nicht gleich «den Anfängen wehren», damit sich aggressives Verhalten nicht verfestigt? Der Aggressionsforscher Friedrich Hacker nennt die Aggressionen von Kleinkindern unschuldig, weil sie niemanden verletzen und kränken wollen. Die Erziehungswissenschaflerin Wiebke Wüstenberg hat dazu typische Situationen bei Kindern im zweiten Lebensjahr in Kindereinrichtungen beobachtet: Stefan sitzt auf dem Auto und wippt hin und her. Luis kommt mit einem Plastikschlüssel in der Hand und will am Steuer schließen. Stefan versucht auszuweichen und dann den Schlüssel zu erwischen. Beide Kinder reißen am Schlüsselband. Dann versuchen sie, sich gegenseitig in den Mund zu beißen. Die Betreuerin greift jetzt ein, sie schiebt die beiden auseinander, nimmt den Schlüssel und händigt ihn Luis aus. Stefan nimmt die Hand in den Mund und weint. Die Betreuerin nimmt ihn auf den Arm. Luis läßt den Schlüssel fallen und rennt weg (vgl. Wüstenberg 1992, S. 274).

Was war los? Genau können wir es als Erwachsene nicht wissen.

Beißen, Hauen, Haare ziehen – so setzen kleine Kinder Grenzen.

Wir können nur vermuten, daß Stefan sich vielleicht durch Luis gestört fühlte und ihm den Schlüssel wegnehmen wollte, um ihn am Mitspielen zu hindern. Genausogut kann es umgekehrt so gewesen sein, daß Stefan die Idee von Luis toll fand und unbedingt selbst den Schlüssel ins Schloß stecken wollte.

Beißen, Hauen, Haare ziehen sind häufig Reaktionen auf eine mißlungene Kontaktaufnahme, ein «Aneinander-Vorbeireden», würden wir als Erwachsene sagen. Es ist also keineswegs böse gemeint, sondern könnte übersetzt werden mit: «Bis hierher und nicht weiter», oder mit: «Ich weiß jetzt auch nicht, wie ich dir das begreiflich machen soll.» Kleine Kinder brauchen sehr viel Übung und Erfahrung, um in diesen Situationen angemessen zu reagieren.

Zusammenhänge begreifen dauert lange

In einer anderen Szene spielen zwei Jungen zusammen. Plötzlich haut einer dem anderen mit einem Holzhammer auf den Kopf, worauf dieser anfängt, bitterlich zu weinen. Die Erzieherin tröstet das weinende Kind. Währenddessen haut sich Fritz (der zuvor zugeschlagen hatte) nun selbst mit seinem Hammer auf den Kopf und schaut dann suchend umher, als warte er auf den Schrei. Er reibt sich selbst den Kopf. Wenig später kommt das andere Kind zurück, die beiden spielen weiter miteinander, als wäre nichts geschehen (vgl. Wüstenberg 1992, S. 275).

Wenn wir mit unserer Erwachsenenbrille diese Situation beurteilen, war Fritz vielleicht böse, möglicherweise wollte er seinem Spielkameraden sogar absichtlich weh tun. Kinder im ersten und zweiten Lebensjahr fühlen, denken und handeln jedoch anders.

Sie begreifen erst langsam Zusammenhänge zwischen Ursache und Wirkung: Wenn ich mit dem Hammer klopfe, schreit jemand. Wie um das zu überprüfen, macht Fritz es gleich noch mal bei sich – aber es passiert nichts. Dieses Ausprobieren wird noch lange dauern, bis Fritz merkt, wie alles zusammenhängt. Fritz versteht also das Schimpfen oder vielleicht sogar die Frage «Warum tust du das?» gar nicht. Es macht keinen Sinn, kleinen Kindern diese Erfahrung ersparen zu wollen. Die Erzieherin sollte Fritz kurz erklären: «Das tut dem Jungen jetzt weh.» Es werden aber noch viele ähnliche Situationen folgen, bis er es gelernt hat.

Man kann häufig beobachten, daß ein Kind, das einem anderen ein Spielzeug weggenommen hat, von diesem dann gehauen wird. Der Streit geht nun aber nicht weiter, sondern beide wenden sich anderen Dingen zu oder spielen sogar wieder miteinander. Die Kinder akzeptieren es oft, wenn ein Übergriff von einem anderen Kind durch einen Gegenangriff ausgeglichen und so ein soziales Gleichgewicht wiederhergestellt wird.

Sich entschuldigen ist ein komplexer Vorgang

Wir möchten, daß unser Kind sich entschuldigt, wenn es einem anderen weh getan hat. Welch komplexer psychischer Vorgang das ist, beschreibt Viernickel (1997): Das Kind muß fähig sein, die Reaktion des anderen Kindes gefühlsmäßig nachzuvollziehen, sich der Gefühle des anderen Kindes bewußt zu werden, zu erkennen, daß es selbst mit seiner Handlung der Auslöser für diese Gefühle war; es muß sich vorstellen können, daß eine tröstende Geste eine hilfreiche Reaktion auf das Weinen des anderen ist und daß das weinende Kind dies auch als Entschuldigung akzeptiert.

Sie merken hier als Leser vielleicht selbst, was eine kleine Geste wie tröstendes Streicheln alles voraussetzt. Dies ist nicht angeboren, sondern wird in den ersten Lebensjahren erlernt. Kleinkinder sind keineswegs gefühllos, sondern einfach noch nicht in der Lage, diese komplexe Leistung zu erbringen.

Im Alter zwischen ca. 18 und 24 Monaten entwickeln sich bei ihnen gewaltige gedankliche Fähigkeiten, mit denen sie ihr Verhalten steuern können. Sie lernen, «Ereignisse gedanklich vorwegzunehmen, sich Ziele zu setzen und ihre Handlungen auf diese Ziele abzustimmen (…) Was allerdings erst in den Anfängen steckt, ist die Fähigkeit, die eigenen Ideen und Pläne mit denen eines anderen koordinieren zu können, zu kooperieren», erklärt Viernickel (1997, S. 27).

Was uns auf dem Spielplatz oder der Kindergruppe häufig sinnlos und nervig erscheint, ist für die Entwicklung sozialer Fähigkeiten von großer Bedeutung.

Ohne Erfahrungen geht es nicht

Streit und Zank sind als Lernerfahrungen ebenso wichtig wie freundliche Kontakte. Kinder erfahren so die Wechselbeziehungen zwischen ihrem eigenen Verhalten und den Reaktionen anderer und müssen immer wieder neue Lösungen suchen. Erst aus allen diesen Erfahrungen formen sie ihr eigenes Selbstbild (Wer bin ich? Wie kann ich mich durchsetzen?) und gewinnen Selbstvertrauen. Vieles, was bei kleinen Kindern als aggressives, trotziges, bockiges Verhalten bewertet wird, ist nichts anderes als zielstrebiges, neugieriges Auf-die-Welt-Zugehen. Dinge kann man nur be-greifen, wenn man mit ihnen umgeht, das heißt auch schon mal kaputtmacht. Menschen und sich selbst kann man nur be-greifen, wenn man auf sie zugeht, das heißt auch schon mal ihnen weh tut, eben ihre Grenzen testet. Dies ist weder böse noch gut. Stellen Sie sich jetzt einmal vor, wie unsicher ein Kind wird, dem diese Möglichkeiten vorenthalten werden!

Die wichtigste und schwierigste Leistung des Kindes ist, eigene Bedürfnisse und Bedürfnisse der Außenwelt miteinander zu vereinbaren. Zunehmend lernt es, daß nicht jedes Bedürfnis befriedigt wird. Was das Kind aus Neugier und Forscherdrang macht, wird plötzlich als «böse» bezeichnet und verboten. Diese Auseinandersetzung ist für Kinder und Umwelt gleichermaßen anstrengend. Durch ständiges Austesten verinnerlicht das Kind mit der Zeit Verbote und Gebote der Eltern. Hält es eines Tages beim Auskippen der Gewürzgläser erschrocken inne und sieht uns schuldbewußt an, dann ist der schwierige Prozeß der Gewissensbildung erfolgreich verlaufen.

Viele Eltern befürchten, ihr Kind werde zum kleinen Tyrannen, wenn sie nicht schon bei den ganz Kleinen den Anfängen wehren. Wenn Kindergruppen so zusammengesetzt sind, daß jeder mal austeilt und auch einsteckt, entwickelt sich prosoziales Verhalten aus den Erlebnissen miteinander. Sicherlich gibt es Situationen, in denen Erwachsene eingreifen müssen. Wenn ihnen etwas nicht gefällt oder zu weit geht, zeigen Sie es Ihrem Kind, aber ohne Moralpredigt und Strafen. Kurze Erklärungen wie «Das hat Stefan jetzt weh getan» und Trennen zweier Streithähne sind besser als langatmige Begründungen. Vor allem glauben Sie nicht, Sie wüßten genau, was in den

Kindern vorgeht. Viele neue Untersuchungen kommen sogar zu dem Schluß, daß eben die Bewertung durch Erwachsene Konflikte oft verschlimmert und Kinder verhaltensunsicher machen kann.

Vorschulkinder schlagen sich und vertragen sich

«Was macht ihr, damit der Streit wieder aufhört?» fragt die Erziehungswissenschaftlerin Renate Valtin Kinder in einer Studie zum Konfliktlösungsverhalten. «Einmal hauen, und dann ist der Streit wieder weg», meint Björn. Und der sechsjährige Max sagt: «Dann vertragen wir uns» – Wie denn? – «Das weiß ich eigentlich gar nicht!» – Und dann spielt ihr wieder? – «Und dann hauen wir uns wieder am nächsten Tag und übermorgen» (Valtin 1991, S. 108).

Kinder entwickeln erst im Grundschulalter Fähigkeiten zu einer kooperativen Konfliktlösung und zum Aushandeln von Kompromissen. Weil sie noch Schwierigkeiten haben, die Perspektive ihres Gegenüber in einem Streit zu berücksichtigen, lösen sie ihre Konflikte äußerlich. Sie wenden sich wortlos ab (nach dem Motto: Aus den Augen, aus dem Sinn) oder versuchen, den Konflikt mit körperlicher Kraft zu lösen.

Die Fähigkeit, die Motive und Gefühle anderer wahrzunehmen und zu berücksichtigen, erwerben Kinder vor allem im Rollenspiel, der bevorzugten Spielform des Vorschulalters. Allerdings gelingt es ihnen zunächst nur, eine Person bewußt wahrzunehmen. Sie versuchen dann, einen Konflikt zu beenden, indem sie ihre eigene Handlung in irgendeiner Weise ungeschehen machen oder denjenigen, der sich geärgert hat, zum Beispiel durch ein Spielzeug wieder zu versöhnen. «Willst du wieder mein Freund sein?»

Entweder-Oder, Gut oder Böse – diese einfachen Muster benutzen Kinder im Vorschulalter. Erst allmählich entsteht die Fähigkeit, aus gegensätzlichen Interessen ein gemeinsames Drittes zu entwickeln. Wie oft sind wir Erwachsenen dazu auch nicht in der Lage!

Wir brauchen uns über das Schwarzweißdenken keine Sorge zu machen. Intensives Rollenspiel, Märchen und phantasievolle Geschichten mit verschiedensten Charakteren ermöglichen den Kindern, unterschiedliche Erlebniswelten und Blickwinkel einzunehmen. Kinder brauchen die Möglichkeit, im Spiel die komplexe Welt der Gefühle und Motive für sich neu zu erfinden. Als Erwachsene können wir ihnen dabei geduldige Zuhörer und – wenn sie wollen – auch Mitspieler sein. Wir Erwachsenen sollten das Phantasiespiel der Kinder jedoch nicht steuern wollen, sondern uns damit zufriedengeben, wenn wir die Rolle des Hundes oder der Dienerin übernehmen dürfen.

Die rauhe Welt der Schule

Hurra, ich bin ein Schulkind, singen die Kinder in der ersten Klasse. Die Einschulung ist für Kinder und Eltern ein wichtiger Einschnitt. Vor allem verändert sich die soziale Welt des Kindes. Im Kindergarten suchen sich die Kinder selbst aus, was sie tun und mit wem sie spielen wollen. Ganz anders in der Schule. Das Grundschulkind muß in einer großen Gruppe auf meist engem Raum irgendwie zurechtkommen. Die Schule grenzt sich als Institution viel stärker von der Familie ab und «fordert» Selbständigkeit und selbstbewußtes Sozialverhalten. Plötzlich sind Fragen wichtig wie: Neben wem darf ich sitzen? Wer hat den «coolsten» Schulranzen? Wen nimmt die Lehrerin oft dran? Wer hat Geld mit und kauft sich nach der Schule was davon? Für Schulkinder wird ihr Status in der Gruppe zum eigentlichen Gradmesser ihres Wohlbefindens. Je älter sie werden, desto mehr entdecken sie, daß es noch andere Welten außerhalb der eigenen Familie gibt. Mehr als je zuvor müssen sie sich nun in einer Gruppe von Gleichaltrigen behaupten, ihre Meinung einbringen und sich durchsetzen.

«Einmal hauen, und dann ist der Streit wieder weg»

In der Schulklasse werden die Regeln des Erwachsenenlebens ein-
geübt: unter Ungleichen gerecht und gleich zusammenzuleben.
«Nur unter Gleichaltrigen kann man lernen, Regeln auszuhandeln,
nur unter Gleichen lernt man, Regeln aus Einsicht und gegenseiti-
ger Verpflichtung statt aus Gehorsam zu befolgen» (Krappmann
1994, S. 175).

Die ungeschriebenen Gesetze der Arbeitswelt – Wer sitzt mit
wem in der Kantine? Wer feiert mit wem und wie zum Geburtstag?
usw. – sind wahrscheinlich ein Kinderspiel gegen die Beherrschung
des unsicheren Terrains, das Kinder bei Schuleintritt betreten.
(Vielleicht erinnern Sie sich an Ihr Herzklopfen während der ersten Tage in einer neuen Arbeitsstelle). Das gemeinsame Aushandeln unter Kindern ersetzt zunehmend die Orientierung an den Eltern und wichtigen Erwachsenen. Die Kinder experimentieren mit
verschiedensten Formen, sich durchzusetzen und zu einigen. Das
macht das im Vergleich zu Familie und Kindergarten so viel rau-
here Klima der Schule aus.

Das Klima in der Schule

Einerseits: Alle sollen gleich sein. Keiner darf über den anderen bestimmen. Alle achten akribisch darauf, daß es überall gerecht zugeht. Alle wollen feste Regeln haben und können bei Verstößen unendlich hart sein. Andererseits: Es gibt ständig Versuche, Regeln wieder umzustoßen und auszuprobieren, ob man sich nicht doch einen Vorteil sichern kann. Denn trotz des Wunsches nach Gleichheit herrscht Konkurrenz, die Kinder vergleichen sich viel stärker als früher miteinander (die Schule gibt diesen Leistungsvergleich als Grundprinzip ja auch vor). Sie merken, wie ihre Unterschiede – z.B. Klugheit, Schönheit, Stärke, Geld – den Status in der Gruppe beeinflussen und wie man diese Eigenschaften einsetzen kann. Es geht um Gebote und Verbote: Wer darf sich auf meinen Stuhl setzen? Wer darf meinen Füller benutzen? Bei wem kann ich abschreiben, wenn ich meine Hausaufgaben vergessen habe? Wer schützt mich oder petzt? Kinder entwickeln dafür einen feingesponnenen Verhaltenskodex: Die beste Freundin darf ungefragt den Spitzer nehmen; wenn mein Freund mich anrempelt, machen wir einfach ein Rempelspiel daraus. Bei anderen Kindern dagegen wird das eigene Territorium verteidigt, die Grenzen dürfen nicht überschritten werden.

Außenseiter

In jeder Klasse gibt es Kinder, die sich mit Hauen, Hänseln, Drohen ihren Platz und Anerkennung verschaffen wollen. Es gibt «Täter», aber auch Kinder, die immer wieder Opfer von Angriffen werden. Beide sind oft Außenseiter in der Gruppe. Schule erzeugt durch Vereinzelung, Leistungs- und Notendruck, ihre Lehrmethoden und viele andere Faktoren Streß, Langeweile und Frustration. Die meisten Kinder kommen angespannt, ja «geladen» aus der Schule und brauchen dann Möglichkeiten, sich vor allem körperlich abzureagieren, aber auch Anspannung durch Erzählen loszuwerden. Je weniger das möglich ist, desto eher kommt es zu Gewalt. «Gewalttätiges Vorgehen bildet den Gegenpol zu argumentativem Aushandeln, in dem Beteiligte ihre Vorlieben, Ansprüche und Prinzipien vertreten können», erklärt der Sozialisationsforscher Lothar Krappmann dieses Verhalten (Krappmann 1994, S. 124).

Gewalt verhindern

Schulen, Lehrerinnen und Lehrer sowie Eltern können eine ganze Menge tun, um Gewalt zu verhindern. Da sind zunächst die Rahmenbedingungen. In vielen Untersuchungen konnte nachgewiesen werden, daß Schulen mit wenig Gewaltproblemen sich auszeichnen durch:
– ein positives Schulklima: Feste, Veranstaltungen und andere Aktivitäten tragen dazu bei, daß sich Kinder und Familien mit der Schule identifizieren,
– Aktivitäten zur Förderung des Gemeinschaftsgefühls (wie z.B. Klassenfahrten),
– kooperative Lernformen und Projekte,
– Spiel- und Freizeitangebote in der Schule, attraktive Pausenhöfe,
– Ansprechen sozialer und emotionaler Bedürfnisse der Schüler, z.B. Halten und Versorgen von Tieren in der Schule,
– feste Grenzen und Regeln für nichtakzeptables Verhalten und Konsequenz bei Regelverletzungen
– (vgl. Sommerfeld 1996, S. 106)

Kinder brauchen in der Schule auch Freiräume für Bewegung und Körperausdruck. Wenn Gefühle im Unterricht stören und expressives Verhalten nur auf dem Schulhof erlaubt ist, muß die Schule sich ändern, damit Kinder auch im Unterricht leben können.

Lehrerinnen und Lehrer müssen eine Balance finden zwischen der notwendigen Selbstorganisation und gegenseitigen Erziehung

Bedrohung und Gewalt erleben Kinder häufig auf dem Schulweg

der Kinder und der eigenen Einflußnahme auf die sozialen Prozesse in der Klasse. In vielen Schulen wurden positive Erfahrungen damit gemacht, kooperatives Verhalten durch Spiele einzuüben und Schulstreß durch Entspannungsübungen abzubauen. Vor allem ist aber wichtig, daß ein Klima des Vertrauens entsteht, in dem Schüler es wagen, bei Eltern und Lehrern Hilfe zu suchen, wenn sie sich bedroht fühlen. Dabei greift es meistens zu kurz, einzelne Übeltäter anzuklagen und aus der Klasse oder Schule zu entfernen. Schulpsychologen fanden heraus, daß die Gewalt einzelner Schüler gestoppt werden kann, wenn sich in der Klasse Gegenkräfte entwickeln und Lehrer und Eltern Verantwortung übernehmen statt wegzusehen (vgl. Guggenbühl 1996).

Beispielsweise malten und schrieben Schüler auf, wovor sie Angst haben, und stellten gemeinsam Verhaltensregeln auf, auf deren Einhaltung alle achteten. Die Opfer waren nun nicht mehr isoliert, sondern wurden von Klassenkameraden verteidigt. In anderen Schulen werden Kinder zu Konflikt-Lotsen (Mediatoren) ausgebildet; das sind Schüler, die das Vertrauen ihrer Mitschüler genießen und in Streitfällen vermitteln können.

Drohungen, Erpressung und Gewalt begegnen Kindern aber auch und vor allem auf dem Schulweg. Der beste Schutz dagegen ist ein stabiles Selbstvertrauen. Eine positive emotionale Bindung zu Eltern und Lehrern vermittelt Sicherheit, um sich mitzuteilen und Hilfe zu holen, wenn es nötig ist.

Kapitel 4
Die wilden Jungs *(Tim Rohrmann)*

Vier Jungen beim Kämpfen im Kindergarten ... Während Moritz einen «Scheinkampf» ohne Berührung inszeniert, schlägt und tritt der motorisch unbeholfene Andreas richtig zu. Dennoch bleibt es zunächst spielerisch. Mehr Jungen kommen dazu. Sie springen durch die Gegend und stellen sich in Kampfposen. Es wird gestoßen und getreten. Rufe wie: «Ich mach dich fertig!» und «Attacke!» ertönen. Kinder, die unbeteiligt hier hineingeraten, bekommen einige Püffe ab. Jonas schiebt seine kleine Schwester fort: «Geh mal lieber wieder in den Gruppenraum.» Er ist immer sehr fürsorglich und meint wohl, daß die Halle für sie zu gefährlich ist. Zwischendurch stehen die Jungen freundschaftlich zusammen, reden und lachen.

Ein Ball wird in die Toberei mit einbezogen. Andreas erkämpft sich den Ball, die anderen versuchen ihn zu kriegen. Als es jemandem gelingt, bekommt er von Andreas einen aggressiven Fausthieb. Eine Erzieherin kommt vorbei und greift ihn heraus. «Andreas, was haben wir denn am Freitag besprochen?» Sie hält ihn fest und redet ihm ins Gewissen. Andreas wirkt für einen Moment schuldbewußt. Als die Erzieherin fort ist, geht das Toben weiter.

Wenig später tritt Andreas wieder heftig herum. Eine Mitarbeiterin kommt und schickt ihn nach einem kurzen Gespräch mit einem anderen «Rabauken» nach draußen, damit er sich beruhigt ...

Alltag im Kindergarten ... Toben und Kämpfen ist eine Lieblingsbeschäftigung von Jungen. Meist geht es mit viel Spaß einher, mit gegenseitigem Necken und spielerischem Ärgern. Manchmal machen auch Mädchen mit, aber wenn das Gerangel so richtig losgeht, sind die Jungen meist unter sich. Dann gibt es auch Tränen und blaue Flecken. Für viele Mütter und Erzieherinnen sieht dies schon nach Gewalt aus. Auch wenn ernsthafter Streit unter Kindern zu körperlichen Auseinandersetzungen führt, sind es meist Jungen, die unangenehm auffallen. Wie kommt es, daß so oft Jungen genannt werden, wenn es um aggressives Verhalten von Kindern geht? Welche Bedeutung haben Toben, Kämpfen und Streit für sie?

Wenn Mädchen heulen, schlagen Jungen zu

Daß Jungen sich aggressiver verhalten als Mädchen, gehört zu den wenigen wissenschaftlich gut belegten Unterschieden zwischen den Geschlechtern. Schon bei Einjährigen läßt sich das beobachten: Jungen beginnen mehr Konflikte – und sind häufiger deren Opfer. Sie zeigen in der weiteren Entwicklung mehr körperliche Aggression, wogegen schon kleine Mädchen eher «nervöse Gewohnheiten» wie Nägelkauen, Daumenlutschen oder Ängstlichkeit zeigen. Aggressives Verhalten beschränkt sich bei ihnen eher auf verbale und symbolische Formen. Im Konfliktfall schlagen Jungen viel eher zurück als Mädchen. Sehr viel mehr Jungen als Mädchen werden wegen «Hyperaktivität» oder aggressivem Verhalten als auffällig diagnostiziert und in Beratungsstellen und bei Ärzten vorgestellt. Nicht selten bekommen sie dann Psychopharmaka – bis zur Pubertät werden Jungen mehr Schmerz-, Schlaf- und Beruhigungsmittel verschrieben als Mädchen (vgl. Rohrmann 1994, S. 72 ff.)!

Die Aggression von Jungen ist «normal»

Erstaunlicherweise werden diese deutlichen Unterschiede nur selten in den Blick genommen. Meist wird neutral von «Kindern» gesprochen, wenn es um Verhaltensauffälligkeiten von Jungen und Mädchen geht. Oder aber es wird vermutet, daß es «irgendwie» doch biologisch bedingt sei, mit Genen oder Hormonen zusammenhänge, wenn Jungen mehr «Bewegungsdrang» haben oder häufiger aggressiv sind als Mädchen. Eindeutige Beweise gibt es dafür nicht. Viele Gründe sprechen statt dessen dafür, daß Aggressionen von Jungen etwas mit Männlichkeitsgehabe und Unsicherheiten von Jungen auf dem Weg zum Mann-Sein zu tun haben. Der «wilde» Junge und das «liebe» Mädchen passen zu den überlieferten Vorstellungen davon, wie Jungen und Mädchen sind – oder sein sollen!

Aggressives Verhalten ist in Zusammenhang mit «normalem» Jungenverhalten zu sehen. Jungen spielen eher draußen als drinnen, auch ihre Phantasiespielorte sind eher «öffentlich» (Arbeit, Weltraum …) als «zu Hause in der Familie». Sie kontrollieren häufig wesentlich größere Räume als Mädchen, z. B. den freien Bereich im Kindergarten, auf dem Schulhof, und entfernen sich weiter von den Gebäuden und der Aufsicht der Erwachsenen. Das liegt nicht zuletzt daran, daß diese Erwachsenen ja zumeist Frauen sind. Als in Kiel einmal eine Kindergruppe über längere Zeit nur von Männern betreut wurde, war es umgekehrt – hier blieben die Jungen bei den Männern, und die Mädchen zogen los!

Karen kann sich auch mal durchsetzen «wie ein Junge»

Jungen spielen häufiger in größeren Gruppen und bilden «Banden», Mädchen dagegen häufiger zu zweit oder zu dritt. Jungen finden eher über Gruppenaktivitäten und Gruppenspiele zusammen. Ihr Spiel ist «rauher» und körperbezogener als das der Mädchen. Harte und kraftbetonte Formen des Körperkontakts sind dabei vorherrschend. Ihr Raufen und Toben wird schnell als aggressives Verhalten oder gar «Gewalt» mißverstanden, aber es ist eher eine gemeinsame Aktivität, die mit Spaß und Begeisterung einhergeht.

Dennoch kann «aus Spaß Ernst werden», und die Übergänge zu «bösem Streit» sind fließend. Jungen sind daher nicht nur häufig Initiatoren, sondern auch häufiger Ziel bzw. Opfer von Attacken als Mädchen. Dies trifft sowohl auf Scheinkämpfe und Frotzeleien als auch auf ernsthafte Konflikte zu. Dominanz, Konkurrenz und die «Hackordnung» sind wichtige Themen in Jungengruppen, und Einfluß wird durch direkte Kommandos und körperliche Angriffe ausgeübt. Mädchen dagegen gehen behutsamer miteinander um und mehr aufeinander ein.

Jungen und Mädchen verhalten sich auch in Konflikten unterschiedlich

Die Unterschiede zwischen Mädchen und Jungen spiegeln sich auch im Sprachverhalten wider. Mädchen zeigen ein kooperativeres Sprachverhalten als Jungen und kritisieren andere in höflicher «akzeptabler» Weise. Sie haben – wie ihre Mütter – gelernt, «nett» zu sein und Konflikte zu vermeiden. Ein «richtiges» Mädchen ist nicht laut und haut! Jungen dagegen gehen in Konflikten eher direkt aufeinander los. Sprache setzen sie dazu ein, ihre Position in der Gruppe zu behaupten, eine Zuhörerschaft anzuziehen, zu unterhalten und sich selbst darzustellen. Sie verwenden auch eher «Kraftausdrücke», nicht zuletzt, um Frauen damit zu provozieren und sich stärker zu fühlen, frei nach dem Motto: «Ich bin zwar unsicher und schwächer als du, aber ich kann dich schockieren, indem ich Worte ausspreche, die du nicht über die Lippen bringst.»

Kein Wunder also, daß es zu Problemen kommt, wenn die Geschlechter dann aufeinandertreffen: Daß Männer und Frauen einander oft nicht verstehen, liegt daran, daß sie verschiedene «Sprachen» gelernt haben; daß gleiche Worte oder gleiches Verhalten, z. B. Etwas-Wegnehmen, für sie nicht dasselbe bedeutet. So mag auch das Raufen, Necken und Toben für Jungen untereinander Spaß sein – ein Mädchen auf dieselbe Weise zu necken oder zu ärgern, ist für dieses vielleicht bedrohlich oder ein gewaltsamer Übergriff.

Mädchen sind «zickig» und «hinterhältig»!

Oft wird die Ansicht vertreten, daß Mädchen genauso aggressiv seien wie Jungen, nur äußere sich das anders. Oder es heißt sogar: «Die Mädchen sind noch viel schlimmer! Die sind so zickig und hinterhältig!» Tatsächlich äußern sich bei Mädchen Streit und das Bedürfnis nach Abgrenzung eher indirekt und «hintenrum», durch «Petzen», «Liebesentzug» («Dann bist du nicht mehr meine Freundin!») oder eine «Schmollippe». Sie erfüllen damit die häufig geäußerte Erwartung der Erwachsenen, Konflikte «verbal» anzugehen – und zeigen so, daß mit Worten manchmal genauso verletzt werden kann wie mit den Fäusten. An der scharfen Ablehnung solchen Verhaltens wird vor allem deutlich, daß der Ausdruck von Aggressionen bei Mädchen noch negativer bewertet wird als bei Jungen – gerade von Frauen. Das ist nicht überraschend, denn die meisten Frauen haben solche Abwertungen als Mädchen selbst erfahren.

Aggression gehört zur «Grundausstattung» des Menschen. Aber aggressives Verhalten ist wie der Ausdruck von Schmerz und Hilflosigkeit nur eine *Möglichkeit* menschlichen Verhaltens. Es sind mehr oder weniger geeignete «Bewältigungsformen» von Problemen, von denen nicht eine «natürlicher» als die andere ist. Wo Frauen heulen, schlagen Männer zu. Wo ein Mädchen sich an die Mutter klammert, tobt ein Junge vielleicht durch die Gegend, weil er kein «Mamasöhnchen» mehr sein will und ein solch «kindisches» Verhalten nicht zu seiner Vorstellung von «Männlichkeit» paßt.

Wie lernen Jungen, was Männlichkeit bedeutet?

Untersuchungen zeigen, daß Jungen nach wie vor eher als Mädchen darin unterstützt werden, sich der Außenwelt zuzuwenden und aktiv mit der Umwelt umzugehen. Das fängt schon bei Babys an: Ein Mädchen wird bewundert, wenn es «hübsch» und «zierlich», ein Junge, wenn er «ein kräftiges Kerlchen» ist. Sein Mut und seine Leistungsfähigkeit, gerade die seines Körpers, werden von den Erwachsenen unterstützt oder sogar gefordert, wogegen Mädchen häufiger gebremst oder zur Vorsicht gemahnt werden. Daß wir auf Jungen und Mädchen unterschiedlich reagieren, fällt uns oft selbst nicht auf. Aber eine Situation wie «Junge klettert waghalsig auf Baum» wirkt, trotz aller Bemühungen um Gleichbehandlung, anders auf uns, vertrauter und «normaler», als wenn ein Mädchen dasselbe «leichtsinnige» Verhalten zeigt. Jungen werden eher dazu ermutigt, Grenzen zu überschreiten – im übrigen nicht nur von manchen Eltern oder Erzieherinnen, sondern auch und gerade von anderen Jungen («Hast du etwa Angst?»).

Wo Mädchen überängstlich sind, sind Jungen daher oft «übermütig» – und der positive Beiklang dieses Wortes läßt übersehen, daß sie damit weder sich selbst noch anderen etwas Gutes tun. So kommen Jungen weitaus öfter durch Unfälle zu Schaden! Oft bleibt unbemerkt, wieviel Unsicherheit hinter der coolen Fassade, wieviel Hilflosigkeit hinter der Überaktivität steckt. Jungen lernen so, daß Angst, Hilflosigkeit oder Schwäche «nicht zu Männern gehört».

Die Ängste der Jungen

Die Wirklichkeit sieht anders aus: Jungen haben vor allem möglichen Angst – das haben die Autoren und Pädagogen Dieter Schnack und Rainer Neutzling in einem Aufsatz darüber, «Wovor Jungen Angst haben», treffend beschrieben (vgl. Reinbek 1997). Im Kindergartenalter wirken sie oft sogar labiler als Mädchen. Manchmal stellt sich das Verhältnis von Jungen und Mädchen fast umgekehrt dar: Selbstsichere Mädchen sagen, wo es langgeht – und werden darin von Frauen unterstützt, die die Mädchen gern stärker und wilder hätten, als sie selbst sein durften. Unsichere Jungen pendeln zwischen Allmachtsphantasien und Kleinkinderverhalten hin und her, oder sie ziehen sich in Nischen zurück und versuchen, Schwierigkeiten möglichst aus dem Wege zu gehen. Vielen Müttern ist es wichtig, daß ihr Sohn «bloß kein Macho» werden soll. Manch ein Junge versucht, diese Erwartung zu erfüllen und «Mamas lieber Junge» zu bleiben. Dann wieder kommt es zu Situationen, in denen auch ein sonst so «netter» Junge plötzlich «aufdreht» – vielleicht, weil er genau weiß, daß er die Mutter damit treffen kann, vielleicht aber auch, weil er um seinen Platz in der Jungengruppe kämpfen muß.

Wenn Jungen sich dann in schwierige Situationen bringen, um zu beweisen, daß sie «keine Angst haben», wird das nicht selten für besonders mutig gehalten. Solche Jungen neigen dazu, unangenehme Gefühle zu «überspringen»: Sie laufen ziellos herum oder

Mädchen äußern ihre Aggressionen eher indirekt

provozieren körperliche Auseinandersetzungen, weil sie mit Angst, Sehnsucht oder innerer Erregung nicht zurechtkommen.

Ein Beispiel: Frank hält einen Holzscheit über den Kopf, als wolle er damit zuschlagen. Arne geht gerade ahnungslos vorbei. Als er nicht reagiert, ruft Frank: «Er hat Angst! Hahaha!» Das sitzt. «Gar nicht!» ruft Arne, kehrt um und brüllt ihm «Du Arschloch!» ins Gesicht. «Selber», antwortet Frank.

Arne hat Angst, für einen Feigling gehalten zu werden. Frank war vielleicht eigentlich traurig, weil er niemanden zum Spielen gefunden hatte. Solche Gefühle passen nicht zu «richtigen Jungs» … Wenn Jungen aber einen Teil ihrer Gefühle und der Gefühle anderer nicht wahrnehmen, dann können sie keine innere Sicherheit entwickeln. Hinter ihrer Aktivität steckt oft Orientierungslosigkeit.

Von Jungen wird weniger Rücksichtnahme erwartet und gefordert

Störendes Verhalten von Jungen wird von Erwachsenen zwar oft beklagt, aber andererseits auch eher entschuldigt: «Jungs sind nun einmal so», heißt es, wenn sie durch die Gegend toben und sich und andere dabei verletzen, oder: «Er ist so ein wilder Kerl.» Viele Erwachsene gehen davon aus, daß Jungen einen höheren «Bewegungsdrang» als Mädchen haben – und da «passiert» halt eben leichter mal was. Jungen lernen so weniger, Grenzen wahrzunehmen und zu respektieren, weder ihre eigenen noch die der anderen. So kommt es, daß sie andere stören und verletzen und auf Angriffe mit Gegenangriffen reagieren – sich damit aber letztlich auch selbst verletzen. Sie lernen auch nicht ausreichend, Konflikte miteinander zu lösen. Oft gilt statt dessen das «Recht des Stärkeren» zur Durchsetzung der eigenen Interessen.

Jungen, die sich in der Jungenwelt nicht behaupten können, haben schlechte Chancen. Wenn sie dabei wiederholt scheitern, kann es sein, daß sie häufiger gewalttätiges Verhalten zeigen. Erlittene

Demütigungen im Kampf um Anerkennung schwächen ihr Selbst-bewußtsein und stehen im Widerspruch zur Stärke, die gesellschaftlich von Jungen gefordert wird. Es ist erstaunlich, wie oft Erwachsenen das Wort «stark» einfällt, wenn es um Jungen geht, obwohl diese bis zur Pubertät keineswegs stärker sind als Mädchen! Andere Jungen zeigen sich eher unsicher und halten sich aus den Konflikten der Alterskameraden heraus. Vielleicht sind sie eher in der Lage, über Probleme zu *sprechen*, vielleicht «schluk-ken» sie aber auch einfach (zu) viel. Damit machen sie den Erwachsenen zwar weniger Probleme, geraten aber in der Jungengruppe in eine Außenseiterposition. Sie laufen Gefahr, als «Schlappschwanz» oder «Weichei» bezeichnet zu werden, Kränkungen, die ja zentral am Männlich-Sein ansetzen. Und vermutlich werden sich irgend-wann die Erwachsenen Sorgen um sie machen, weil sie sich «nie wehren.»

Verstehen Sie Männlichkeitsgehabe von Jungen nicht falsch! Zum Teil ist es eine normale Phase in der Entwicklung, daß Jungen typisch männliches Verhalten überbetonen. Sie sind deswegen nicht «kleine Macker», die schon im Kindergarten üben, wie man Frauen unterdrückt. Sie möchten aber gern «richtige Jungen» sein und wissen oft nicht, wie sie den widersprüchlichen Erwartungen ihrer Altersgenossen und der Erwachsenenwelt gerecht werden können.

Bei kleinen Jungen liegen die beiden Seiten noch dicht beiein-ander: der weiche, empfindliche und verletzliche Junge, der wei-nend zur Mama läuft, weil ihm etwas weh tut – und der kleine Rabauke, der «groß tut», die Welt erobert und sich in jeden Kampf stürzt.

Achten Sie darauf, wann Jungen aktiv werden, vor allem, wenn dies zu Konflikten führt. Sind sie vielleicht eigentlich traurig? Sind sie verletzt, hat ihnen etwas weh getan oder sie ent-täuscht? Oder haben sie vor etwas Angst, können das aber vor sich und anderen nicht zugeben?

Es ist wichtig, daß wir sowohl die «starken» als auch die «schwachen» Seiten in Jungen wahrnehmen und annehmen – nicht im Sinne von «Gib doch zu, daß du Angst hast!», sondern indem wir vermitteln, daß auch Angst oder Traurigkeit zum Junge-Sein dazugehört. Dann können auch Jungen lernen, beide Seiten in sich zu akzeptieren.

Jungen unter sich

Eine entscheidende Rolle für den Umgang mit Ärger, Streit und Kampf haben die Gruppen, in denen Jungen sich zusammentun. Hier gelten eigene Regeln, die manche Formen der Aggression tolerieren und ermutigen. Zudem finden sich oft besonders aggressive Jungen in Gruppen zusammen. Viele andere zeigen dagegen kein auffällig aggressives Verhalten, und in vielen Jungengruppen werden Konflikte erfolgreich geregelt und Auseinandersetzungen innerhalb akzeptabler Grenzen gehalten, wie in folgendem Beispiel:

Im Bewegungsraum eines Kindergartens toben die Jungen miteinander. Im Kampf kommt es auch zu Tritten, die Jungen beschimpfen einander. «Zeig's ihm!», tönt es, und *Superman, Batman* und *Robin* treten auf. Ein Junge bekommt einen Stoß ab und blutet. Ralf will weitermachen, aber ein anderer Junge bremst ihn: «Laß es, es blutet!» Frau Blume wird geholt. Sie kommt, tupft kurz mit einem Taschentuch das Blut weg und geht wieder, ohne große Fragen zu stellen. Gerade ist es ja ruhig ... Kaum ist sie verschwunden, geht es weiter. Ein Junge wird an der Nase getroffen, einer am Kopf. Ralf hält sich plötzlich den Bauch: «Ich kriege keine Luft mehr!» Hat er einen Tritt in den Bauch abgekriegt? Ein anderer Junge fordert alle auf, aufzuhören. «Wer war das?» Wütend klagt Ralf den Verursacher an: «Dann hast du mir noch einen in den Bauch ... das machst du nicht noch mal!» Einige Jungen halten einander im Arm. Der Täter entschuldigt sich.

«Darf ich mitspielen?»

Zu aggressivem Verhalten und körperlicher Gewalt kommt es oft
dann, wenn Jungen nichts mit sich anzufangen wissen oder ihre
Kontaktversuche keinen Erfolg haben. Eine solche Dynamik wird
in der folgenden Szene mit Andi deutlich, in der dieser vergeblich
versucht, Anschluß an eine in der Sandkiste bauende Jungengruppe zu bekommen:

Andi beginnt, einen Witz zu erzählen: «Ich kenn 'nen Witz von
Onkel Fritz, der mit sein' Pullermanni spritzt.» Niemand lacht,
niemand will ihm zuhören. Georg, von seinem Geplapper genervt,
fährt in an: «Du erzählst jetzt nicht mehr weiter!» Sofort erzählt
Andi den Witz noch einmal, fügt provozierend Georgs Namen ein.
Aber es kommt immer noch kaum eine Reaktion. Vergebens versucht er anschließend, in die Gruppe hineinzukommen: «Darf ich
mitmachen?» Er stellt sich dabei so ungeschickt an, daß er ausgeschlossen und gehänselt wird.

Andi sucht kurz Schutz bei der Erzieherin. Dann geht er wieder
hinaus, und die Streitereien setzen sich fort. Als ein Junge «Du
dumme Nuß!» zu ihm sagt, wird Andi wütend: «Das sagst du nicht
noch mal!» brüllt er – und holt drohend mit einer Schaufel voll
Sand aus. Aber die Kinder wissen, daß Sandschlachten verboten
sind. «Warum streiten wir uns überhaupt?» fragt Josef, und Andi
sagt: «Ich hab doch nur Spaß gemacht.»

Eine Weile später: «Wir sind doch alle Freunde, oder nicht?»
fragt er. Da hat er sich getäuscht: «Nein!» antworten die anderen,
und er stößt wütend mit dem Fuß gegen einen Plastiklaster. So
geht es weiter, zwischen schweigendem Abwarten und erneuten
Angriffen. «Meine Oma schimpft mit euch!», droht Andi. Ein
Junge entschuldigt sich. Andi: «Und ihr laßt mich bitte noch mitspielen!!!» Ganz ernsthaft reden die anderen Jungen darüber, daß
sie solche Drohungen blöd finden.

«Ich lad euch alle zu mir ein, aber nur, wenn ihr nicht mehr so
gemein zu mir seid!» Prompt wird er wieder ausgelacht. Aber trotz
Wut und Hilflosigkeit gibt er nicht auf: «Ich bleibe hier!» Schließ-

lich läßt er sich sogar von Benjamin mit den Handschellen fesseln, die diesen als «Boß» kennzeichnen – nur, damit er dazugehört.

Hilflosigkeit und Aggression hängen zusammen

In Szenen wie dieser wird deutlich, wie Unzufriedenheit, Unruhe und Ungeduld körperlich entladen werden. Insbesondere Kinder, die auch sonst Probleme haben, wechseln dabei zwischen den Polen extrem hin und her. Sie provozieren einerseits schnell aggressive und körperliche Auseinandersetzungen, verhalten sich andererseits «kindisch», sind leicht beleidigt und fangen an zu heulen. Mit der zweiten Variante ziehen sie sich natürlich noch mehr Ablehnung zu – auch von Erwachsenen, die nicht verstehen, warum der «Störer» jetzt auch noch zu flennen anfängt und sich ungerecht behandelt fühlt.

Impulsive und hyperaktive Jungen sind oft allseits unbeliebt und sozial isoliert. Gerade deswegen sind sie gefährdet, später mit Gewaltproblemen auffällig zu werden. Aggressives Verhalten ist vor diesem Hintergrund nicht als «unsoziales Verhalten» zu begreifen, sondern gerade als Versuch zu sehen, soziale Anerkennung zu erlangen. Bewußte Verstöße gegen Verbote oder riskante Aktionen können Mutproben sein, mit denen Jungen ihre «Männlichkeit» unter Beweis stellen. Diese Versuche sind, anders als im obigen Beispiel, *innerhalb der Jungengruppe* manchmal durchaus erfolgreich, nicht aber in bezug auf die Erwachsenenwelt. Das liegt nicht zuletzt daran, daß Jungen in ihrer Entwicklung von «Mamas Liebling» zum unklaren Phantasiebild des «richtigen Mannes» zwischen allen Stühlen sitzen.

Andi aus der oben geschilderten Situation wird aggressiv, weil er sich von den anderen Jungen ausgeschlossen fühlt und von den Erzieherinnen als «problematisch» eingeschätzt wird. Zu der frustrierenden Entwicklung trägt er selbst viel bei. Offensichtlich ist die Erfahrung, nicht dazuzugehören, für ihn so vertraut, daß er positive Angebote oft gar nicht wahrnimmt. Seine Strategien, Anschluß an die Gruppe der älteren Jungen zu bekommen, scheitern immer wieder: Seine Versuche, zu dominieren, werden abgelehnt, weil sie seinem Status in der Gruppe nicht entsprechen. Seine Witze kommen nicht an. Für einen richtigen Kampf ist er zu weich und zu weinerlich – eher wird er lächerlich gemacht. Er zeigt zu offen seine Wünsche und seine Verletzlichkeit. Sein Pendeln zwischen «stark» und «schwach» führt dazu, daß er von den anderen Jungen nicht ernstgenommen wird. Manchmal läßt er seinen Frust an anderen ab, die *er* dominieren kann. Hier hat er dazu keine Chance. Es bleiben nur noch hilflose Drohungen – mit der starken Oma (nicht mit dem sprichwörtlichen Bruder in diesem Fall ... die familiären Verhältnisse sind kompliziert) –, mit aggressiven Gesten und schließlich Unterwerfung. Nur so bekommt er schließlich die Zuwendung der ganzen Gruppe und gehört dazu – als Gefangener.

Die Beherrschung des Körpers

In einem Forschungsprojekt im Kindergarten haben wir typische Körperhaltungen und Gesten von Jungen beim Kämpfen und Toben beobachtet (Thoma / Baumgärtel / Rohrmann 1996, S. 137 ff.). Die folgenden Beobachtungen können helfen, besser zu verstehen, wie Jungen sich und ihre Umwelt erleben.

Im Bewegungsraum toben die Jungen miteinander. Großes Durcheinander, von außen ist kaum zu erkennen, worum es hier eigentlich geht und wer mit wem spielt oder kämpft. Im Verhalten mancher Jungen sehr auffällig ist das ständige Hüpfen im Stand. An Boxer erinnernd, die sich «warmmachen», hüpfen sie umeinander herum, deuten Schläge oder Tritte an oder weichen vor anderen zurück. Solche Bewegungen sind für kleine Kinder normal. An dieser Stelle ist auffällig, daß Jungen damit ihre Erregung immer weiter aufladen, sie aber nicht loswerden können und daher übererregt und angespannt bleiben. Besonders unruhige können in solchen Situationen kaum einen Moment lang still bleiben. Nur selten haben sie Gelegenheit, ihre Energie einmal ganz «abzulassen» – zum Beispiel an einer Matratze oder an einem Boxsack oder auch beim Ballschießen. Denn in vielen von Erwachsenen vorgeschlagenen Spielen und Bewegungsangeboten geht es um kontrollierte, gebremste Bewegungen. So sollen die Kinder lieber einen Ball hin und her rollen, anstatt mit ihm zu werfen, damit sie nichts kaputtmachen oder andere nicht verletzen.

Droh- und Rückzugsgesten

Beim freien Toben wiederum müssen Jungen ständig damit rechnen, selbst unerwartet angegriffen zu werden. So müssen sie auch hier eine ständige Kontrolle über ihren Körper aufrechterhalten. Wenn z.B. viele Jungen durcheinander laufen, wird gerufen: «Hinter dir!!» – was heißen soll: «Paß auf, hinter dir steht einer, der dich gleich angreifen könnte!» Solange man nicht mit dem Rücken zur Wand steht, nimmt man eine jederzeit wachsame Grundhaltung ein und spannt den ganzen Körper an. Je mehr Jungen miteinander toben, desto eher ist mit Überraschungsangriffen zu rechnen und damit, daß man unerwartet geschubst, gestoßen oder auf den Boden gezerrt wird.

Üblich ist auch die Andeutung von Schlägen und Tritten, um sich andere vom Leibe zu halten. Während manche Jungen dabei aufgeregt herumhüpfen und manchmal unaufhörlich auf imaginäre Gegner eindreschen, zeigen andere eher beiläufige oder kurze, blitzartige Andeutungen von Schlägen, die als Warnungen in der Regel ausreichen. Manchmal münden solche Drohgesten in tatsächliche körperliche Auseinandersetzungen, aber nicht immer. Auch wenn es für Außenstehende nicht so aussieht, so ist das Raufen für die beteiligten Jungen oft noch freundschaftliche Balgerei, und Verletzungen geschehen unbeabsichtigt.

Manchmal inszenieren Jungen auch rollenspielartige Gewaltszenen: z.B. «Jemanden fertigmachen», indem er geschlagen, zu

Der Stärkste hat das Sagen

Boden geschleudert und zusammengetreten wird – ohne daß es wirklich zu heftigen Stößen kommt. Wenn dann der Betroffene dennoch heult, dann entweder, weil die anderen Jungen nicht genügend Körperbeherrschung haben, um einen Tritt so genau zu dosieren, daß er «echt» aussieht, ohne tatsächlich zu treffen. Oder, weil er emotional auf die Szene reagiert und sich unabhängig von tatsächlichen körperlichen Verletzungen bedroht, ausgeschlossen und «fertiggemacht» fühlt.

Der Stärkste hat das Sagen

In den Körperhaltungen der Jungen kommen Macht- und Statusunterschiede deutlich zum Ausdruck. Die stärksten und selbstbewußtesten Jungen wirken am entspanntesten. Sie müssen nicht ständig in Bereitschaftshaltung verharren, weil sie weniger angegriffen werden oder wissen, daß sie Widersacher leicht besiegen und in die Flucht schlagen können. Entspannter wirken aber auch Jungen, die selbstbewußt genug sind, um andere Jungen zur Rede zu stellen, Kampfhandlungen zu unterbrechen oder sich zurückzuziehen, wenn es ihnen zuviel wird.

Schwächeren wird manchmal mit Überlegenheitsgesten ihr Platz klargemacht. Auffällig ist dabei das Streichen über bzw. Schlagen an den Kopf. Vorsichtig ausgeführt, ähnelt es einem fast reflexhaltigen Verhalten von Erwachsenen gegenüber kleineren Kindern: Mit Worten wie «Na, mein Kleiner!» wird Kindern von Erwachsenen zur Begrüßung «freundlich» über den Kopf gestrichen, egal, ob diese das gerade mögen oder nicht. In der massiveren Form, die Jungen praktizieren, wird ein anderer «geduckt» und bekommt damit körperlich demonstriert, daß sein Platz in der Hierarchie weiter unten ist. Ältere, die sich nicht an den Kämpfen der anderen beteiligen wollen, werden durch Sprüche, Herausforderungen und Drohgesten provoziert. Je passiver sie sind, desto eher müssen sie damit rechnen, geschubst oder gestoßen zu werden. Wenn sie im Gegenzug mit Drohungen beginnen, werden sie damit nicht immer ernstgenommen: «Komm doch!» kann die Antwort sein.

Jungen wissen oft nicht, wie sie aus Konflikten herauskommen können

Viele Jungen können ihre körperlichen Spannungen nicht lösen, weil die Auseinandersetzung um die eigene Stellung in der Jungengruppe oft keine Pausen kennt. Sie wissen nicht, wie sie «aussteigen» und einmal zur Ruhe kommen sollen. Der Übergang in tatsächliches körperliches Gerangel, Herumgetolle und der direkte körperliche Kampf hilft ihnen, «Dampf abzulassen.» Aber auch Heulen kann die Spannung lösen. Kleinere Jungen weinen noch schnell, wenn es zu Verletzungen kommt – stürzen sich dann allerdings oft schnell wieder in den Kampf, um zu beweisen, daß sie keine «Heulsusen» sind.

Wenn Jungen allein versuchen, mit diesen Konflikten fertig zu werden, tun sie das oft, indem sie die Schmerzen und Gefühle wegdrängen und ihren Körper anspannen. Ungehemmter Körperausdruck, vor allem aber auch Heulen als Ausweg, werden im Laufe der weiteren Entwicklung zunehmend tabuisiert. Zwar heißt es heute seltener «Ein Junge weint nicht». Aber daß Männer weinen, bekommen Jungen tatsächlich kaum einmal mit. So bleibt die Vorstellung erhalten, daß Weinen und Männlichkeit nichts miteinander zu tun haben. Statt dessen steht die Kontrolle des Körpers mehr und mehr im Vordergrund, etwas, was Jungen und Männern auf die Dauer nicht gut tut, weil es Wahrnehmung und Ausdruck der eigenen Gefühle und den zärtlichen Umgang miteinander verbaut.

Jungen als Täter und Opfer

«Du darfst Mädchen nicht schlagen!» Diesen Satz lernen Jungen früh. Ein Junge, der ein Mädchen schlägt, ist ein Feigling – ein Junge, der einem Kampf mit einem anderen Jungen ausweicht, auch. Daher ist es nicht so erstaunlich, daß Jungen häufiger in aggressive Auseinandersetzungen verwickelt sind als Mädchen. Statistiken und Befragungen ergeben übereinstimmend, daß Jungen häufiger Opfer von Gewalt werden als Mädchen. Insbesondere von schwerer Körperverletzung sind Jungen mehr betroffen. Nur bei sexueller Gewalt ist der Anteil der Mädchen, die davon berichten, höher. Dabei werden selbst schwere und gefährliche Verletzungen, Vergewaltigungen oder sexuelle Nötigung von Jungen kaum einmal angezeigt, wie eine repräsentative Schülerbefragung des Kriminologischen Forschungszentrums Niedersachsen KFN in Hannover 1998 ergab (Pressemitteilung vom 6. 5. 1998). Oft teilen Jungen selbst massive körperliche Mißhandlungen noch nicht einmal ihren Eltern mit. Vielleicht befürchten sie zu Recht die Frage: «Warum hast du dich nicht gewehrt?»

Besonders bemerkenswert ist in diesem Zusammenhang, daß die vom KFN befragten Jugendlichen am häufigsten von Gewalt durch Eltern berichteten. So erklärten 40 Prozent der Jugendlichen, innerhalb des vorherigen Jahres von ihren Eltern geschlagen worden zu sein. Auf etwa 15 Prozent schätzte der Kriminologe Peter Wetzels den Anteil der Neuntkläßler in Hannover, die massiv und nicht nur gelegentlich unter der Gewalt ihrer Eltern leiden müssen. Dabei ist die Rate der von elterlicher Gewalt betroffenen *Jugendlichen* noch vergleichsweise niedrig. Zwei Drittel der Befragten gaben an, sie seien als *Kinder* geschlagen worden. Von diesen wurde etwa ein Zehntel offenbar sogar körperlich mißhandelt.

Gewalt als Ventil

Was Jungen von Mädchen zumindest tendenziell unterscheidet: Sie lernen zurückzuschlagen. Stark sein und sich zu prügeln läßt Jungen «männlich» erscheinen, auch wenn sie sich damit eine Menge Probleme einhandeln. Das bedeutet nicht, daß die am schwersten mißhandelten Kinder später zwangsläufig am aggressivsten werden. Für Jungen wird Gewalt aber viel eher als für Mädchen zum Ventil, wenn sie mit alltäglichen Konflikten, Ohnmachtserfahrungen und Mißhandlungen nicht fertig werden. Besonders Jugendliche mit schlechten Bildungschancen handeln häufiger gewalttätig.

Jugendliche, die Opfer der Gewalt ihrer Eltern wurden, werden aber auch häufiger *Opfer* krimineller Gewalt. Sie erleben auch «gelegentliche» Ohrfeigen der Eltern als demütigend – und lernen dabei körperliche Gewalt als «normales» und scheinbar legitimes Mittel in Auseinandersetzungen kennen. In anderen Ländern sind daher körperliche Strafen in der Erziehung verboten: in Schweden seit 1979, in Österreich seit 1989 und in Dänemark seit 1997.

Mädchen werden eingeschüchtert und gedemütigt

Ideale wie «Ritterlichkeit» oder das stereotype Bild vom «schwachen Geschlecht» schützen Mädchen oft vor direkten körperlichen Angriffen. Sie werden aber nicht selten durch Drohungen und sexuelle Belästigungen «in ihre Schranken verwiesen.» So erzählt eine junge Frau aus ihrer Kindheit: «Ich war immer in der Jungenbande dabei. Die Jungen wollten irgendwann wissen, wie ich ‹unten› aussehe, weil sie wissen wollten, ob ich ein Junge oder ein Mädchen sei. Ich habe mich geweigert. Eines Tages hat mich dann eine ganze Gruppe gejagt, schließlich zu Boden geworfen, festgehalten und mir die Hose heruntergezogen. Ich habe mich gedemütigt gefühlt und war fürchterlich wütend. Das Gemeine war, daß ich von da an nur noch Diener der Jungen sein durfte. Irgendwann habe ich dann nicht mehr mitgespielt.»

Das Mädchen hat auf brutale Weise erfahren, daß in unserer Welt «die Männer» das Sagen haben. Aus der Sicht der Jungen mag es dagegen anfangs um sexuelle Neugier gegangen sein – und um die Irritation darüber, daß ein Mädchen genauso stark und wild sein kann wie ein Junge. Die Unterwerfung des Mädchens hat wohl für die Jungen das vertraute Bild wiederhergestellt.

Wie nehmen wir aggressives Verhalten wahr?

Wie Wut, Ärger und Aggressionen von Kindern «bei uns ankommen», hängt stark mit unseren eigenen Einstellungen und Erfahrungen zusammen. Was bei manchen noch als ein durchaus «normales» Verhalten von Jungen durchgeht, ist für andere schon nicht mehr akzeptabel: Gleiche Verhaltensweisen werden unterschiedlich bewertet. Vor allem haben Frauen und Männer aufgrund ihrer unterschiedlichen Lebenserfahrungen oft ein unterschiedliches Verständnis von Aggression und Gewalt. So berichten männliche Erzieher, daß ihre Kolleginnen in Situationen von Aggressivität und Gewalt sprechen, in denen sie als Männer Trauer, Wut oder Ohnmacht wahrnehmen. Und was in den Augen von Erzieherinnen eine wüste Prügelei ist, ist für männliche Kollegen (und viele Jungen!) noch ein spielerisches Raufen. Väter erwarten eher, daß ihre Söhne sich wehren. Mütter und Erzieherinnen sind dagegen eher als Männer bereit, Jungen zu trösten, wenn sie sich bei Kämpfen weh getan haben.

Frauen lassen sich oft viel gefallen

Andererseits wird Jungen kämpferisches Spiel und aggressives Verhalten auch von Frauen weitgehend zugestanden. Sie lassen sich beschimpfen, manchmal sogar schlagen und treten. Anstatt klare Grenzen zu setzen und die Jungen in ihre Schranken zu weisen – was körperlich bei Jüngeren ja durchaus möglich ist –, denken sie über mögliche Gründe für das Verhalten nach (oder lesen z. B. dieses Buch).

Derweil provozieren die Jungen weiter. In ihrem Bemühen, für die Kinder da zu sein, halten Mütter und Erzieherinnen erstaunlich viele Zumutungen aus. Für Kinder und insbesondere Jungen sind sie dann mit ihren eigenen Wünschen, Empfindlichkeiten und Grenzen wenig spürbar. Damit bleibt das Bild erhalten, daß Frauen mit ihrer scheinbar «selbstlosen» Unterstützung Männern (und Jungen) ermöglichen, in der «harten Welt» zu bestehen. Die Frage sei erlaubt: Sind sie nicht auch faszinierend, die «kleinen Rabauken», die sich nehmen, was sie wollen, Verbotenes ausprobieren und hinterher so charmant lächeln, daß man (frau!) ihnen gar nichts übelnehmen kann?

Andererseits können ballernde, schreiende und provozierende Jungen auch Erinnerungen und Ängste vor männlicher Bedrohung in Frauen wachrufen. Dann sehen sie in ihnen oft vor allem Männer und keine kleinen Jungen mehr. Wenn Jungen sich überhaupt nicht mehr bremsen lassen und die Erwachsenen die Kontrolle ganz und gar zu verlieren drohen, nehmen Hilflosigkeit und Wut überhand. Dann werden die Jungen manchmal sehr deutlich in die Schranken gewiesen, denn welche Mutter will schon einen kleinen Macho heranziehen? Solche plötzlichen harten Reaktionen wirken sehr irritierend, und ziehen manchmal nur noch mehr Aggressionen nach sich.

Dieses widersprüchliche Verhalten bekommen Jungen und Mädchen auch dann mit, wenn ihre Eltern, Erzieherinnen und Lehrer vordergründig ganz andere Vorstellungen vertreten oder sich überhaupt nicht zu diesem Thema äußern. Jungen sehen das bewundernde Funkeln in den Augen einiger Erzieherinnen, wenn sie mal wieder «über die Stränge geschlagen haben». Auch wenn sie dafür bestraft werden: Sie haben unter Beweis gestellt, daß sie ganze Kerle sind.

Darüber reden! Aber wie?

Alles schön und gut, denken Sie jetzt vielleicht. Aber was soll ich tun, wenn es «brennt», Kinder sich im Streit verletzen oder uns um Hilfe bitten? In Konflikten unter Kindern Partei zu ergreifen führt dann oft nicht weiter. Wenn wir zwischen Streithähnen vermitteln wollen, müssen wir zunächst einmal beide Seiten verstehen. Manchmal können wir dann auch den beteiligten Kindern dabei helfen, sich selbst und einander besser zu verstehen. Zumindest werden sie sich nicht mehr ganz so allein und unverstanden fühlen – und das ist oft schon viel wert. Sie werden bei solchen Gesprächen feststellen, daß gerade Jungen oft sehr engagiert und betroffen sind, wenn über Gewalt gesprochen wird. Für sie ist körperliche Gewalt ein großes Problem, auch wenn sie selbst zu denen gehören, die sie ausüben. Daher sind Gespräche so wichtig, und zwar auch darüber, was dem «Täter» weh getan hat. Sowieso ist in Konflikten unter Kindern nicht leicht herauszufinden, «wer angefangen hat» – und oft ist es auch gar nicht so wichtig. Meist haben alle Beteiligten das Gefühl, «zurück»geschlagen und sich zu Recht gewehrt zu haben. Es hilft daher nicht weiter, den «Täter» an den Pranger zu stellen oder die Rauferei pauschal «schlecht» zu nennen und vermeiden zu wollen. Daß sie alles mögliche nicht tun *sollen*, wissen Kinder sowieso, und das können sie auch herunterbeten – allerdings ohne daß sich dadurch beim nächsten Mal etwas ändert.

Wenn ein Junge mal wieder zugeschlagen oder die Kindergruppe aufgemischt hat, hinterher aber anfängt, sich zu beklagen, möchten wir ihm manchmal überhaupt nicht zuhören. Unser erster Impuls ist der Gedanke: «Wieso beschwert sich nun gerade *der* – er hat doch selber angefangen!»

Wahrscheinlich weiß er das selbst – und könnte auch keine Antwort darauf finden, warum ihm das «immer wieder passiert». Vermutlich weiß er nicht, wie er aus einer Situation herauskommen soll, in der er wütend oder verletzt ist (oder beides).

Dabei ist es gerade für Jungen wichtig, über Schmerz sprechen zu können. Wenn körperliche Verletzungen nur als «schlimm» verurteilt werden, ansonsten aber gleich darüber geredet wird, wie es dazu gekommen ist oder was in Zukunft anders laufen soll, dann wird die Einstellung gefördert, daß ein Mann nicht darüber spricht, wenn ihm was weh tut. Daß ein Junge weint, bedeutet, daß er noch merkt, was schmerzt. Es ist daher nicht «schlimm», wenn ein Kind «weinen muß»: Dieses Argument gegen Gewalt («Es soll niemandem so weh getan werden, daß er weinen muß!») kann sonst zu einem Argument gegen das Weinen werden («Niemand soll weinen!»)

Wenn Sie beim Toben eingreifen, weil es zu Verletzungen oder Feindseligkeiten gekommen ist: Kritisieren Sie nicht das Toben an sich. Stellen Sie fest, ob die Verletzung beabsichtigt war. Oft haben beide Beteiligten etwas abbekommen und fühlen sich als Opfer – geben Sie niemandem die Schuld. Lassen Sie beide Beteiligten ihre Sicht der Dinge mitteilen, ohne herausfinden zu wollen, was nun «wirklich» passiert ist. Oft ist es Kindern viel wichtiger, daß ihnen überhaupt jemand zuhört.

Viele Jungen haben großen Spaß am Kämpfen. Zeigen Sie Verständnis dafür. Teilen Sie den Streithähnen mit, daß Sie sehen, daß das Toben Spaß macht, aber daß es auch zu Problemen führen kann. Anstatt halb schuldbewußt, halb trotzig die Vorhaltungen der Erwachsenen über sich ergehen zu lassen, können die Jungen dann besser mitteilen, wie widersprüchlich ihnen selbst damit zumute ist. Sprechen Sie darüber, wie sich Kämpfe aufschaukeln können, und darüber, wie schnell manchmal die Grenze zwischen «Spaß» und «Ernst» überschritten wird – und wie sich das vermeiden läßt. Vielleicht erinnern Sie sich selbst an solche Situationen – und daran, wie schwer es ist, nachzugeben, wenn man sich erst einmal im Unrecht fühlt.

Besprechen Sie gemeinsam, welche Regeln es für Toben, Streit und körperliche Auseinandersetzungen geben soll. Kein Kind will, daß ihm in den Bauch getreten wird. Und denken Sie dabei nicht nur daran, was für die Kinder vielleicht besser wäre – das wird leicht moralisch! –, sondern teilen Sie mit, wie es Ihnen geht, was Sie selbst erlebt haben und was Sie sich wünschen.

Kapitel 5
«Grenzenlose» Liebe gibt es nicht

Tanja nervt ...

Tanja spielt im Garten. Die Eltern wollen mit ihr spazierengehen und warten eine «günstige» Situation ab, um das Kind loszueisen. Als Tanja wieder einmal zur Mutter rennt und sich in den Arm schmiegt, sagt diese: «Tanja, wir wollen mit dir ein bißchen spazierengehen.» Tanja sagt bestimmt: «Nein, keine Lust.» Sie rennt in den Garten zurück. Als sie das nächste Mal ankommt, sagt ihre Mutter: «Guck mal, ich mache das jetzt wie du, ich sage, bitte, bitte, bitte, bitte, liebe Tanja», dabei schaut sie ihre Tochter schmachtend an. Tanja lacht zu diesem lustigen Gesicht. «Nein, nein, nein, ...» Die Mutter argumentiert weiter: «Sieh mal, ich habe mich soooo darauf gefreut.» Tanja überlegt: «Dann geht doch alleine!» – «Nein, guck mal, in der Woche haben wir wenig Zeit füreinander, dann möchte ich wenigstens am Wochenende mit dir etwas tun.» Tanja bleibt unbeeindruckt. Die Mutter holt die Hose und den Anorak. Wütend schreit Tanja auf. «Nein, ich geh nicht mit!» Darauf die Mutter. «Jetzt ist Schluß. Den ganzen Tag haben wir uns nach dir gerichtet und sind im Haus geblieben, jetzt gehen wir.» Tanja wehrt sich schreiend, gibt schließlich nach, nicht ohne ihren Protest noch mal deutlich gemacht zu haben. «Ihr seid gemein, immer muß ich mich nach euch richten, nie tut ihr das, was ich will ...» Die Familie zieht ab, allerdings nicht gerade in bester Stimmung.

Ein Machtkampf

Wodurch entsteht der Streß? Psychologen sprechen von unklarer Kommunikation. Aus der Sorge, das Kind zu verstimmen, versucht man es «im Guten». Tanja scheint die Situation noch verhandelbar, in Wirklichkeit steht der Entschluß der Eltern aber fest. Das Mädchen zeigt den Erwachsenen, daß sie deren Bedürfnisse akzeptiert. Sie macht einen aus ihrer Sicht praktikablen Vorschlag – «Geht doch allein!» Als die Eltern darauf nicht eingehen, sondern ausweichend antworten, fühlt sie sich unverstanden. Das Hinauszögern und das letztendliche Machtwort machen sie wütend. Sie durchschaut die Taktik: «Immer macht ihr, was ihr wollt.»

Ihre Mutter ist enttäuscht, sie wollte auf das Kind eingehen. Sie ärgert sich über Tanjas Weigerung. Ihre vorwurfsvolle Reaktion zeigt, daß sie in der Eltern-Kind-Beziehung mit ihren Bedürfnissen zu kurz kommt.

Eine Beziehung ohne Grenzen gibt es nicht. Kleine Kinder han-

«Ihr seid gemein: Immer muß ich mich nach euch richten!»

deln nach dem Lustprinzip. Sie genießen jeden Augenblick, sind ganz ich-bezogen. Unser Eltern-Ich kann dabei auf der Strecke bleiben, wenn wir nicht aufpassen. Kindlicher Egoismus ist nicht böse. Nur wenn wir uns mit dem Kind auseinandersetzen, kann es zwischen Ich und Du unterscheiden und wird so mit der Zeit fähig, sich in andere hineinzuversetzen. Doch quälend lange Verhandlungen können Kinder nicht aushalten. Ständige Mißachtung kindlicher Bedürfnisse oder Nachgeben um des lieben Friedens willen (das Kind denkt dann: «Ach so, die hat das gar nicht ernstgemeint!») sind die Grundlage vieler Machtkämpfe.

Streß und Ärger sind Zwillinge

Ein anstrengender Tag im Büro. Als ich weg will, klingelt das Telefon. Verdammt, ich hätte den Anruf nicht mehr annehmen sollen, es dauert doch länger. Aber auf jeden Fall freundlich sein, auch wenn ich am liebsten ins Telefon rufen möchte: «Mein Kind wartet in der Tagesstätte!»

Ich komme in einen Stau, fühle mich hilflos gefangen, kann weder vor noch zurück. Nur jetzt ruhig bleiben, es bringt sowieso nichts, sich aufzuregen. Das Kind ist versorgt, im Kindergarten gibt es einen Notdienst. Trotzdem habe ich ein schlechtes Gewissen. Beim Elternabend gab es schon mal Beschwerden über Eltern, die die Gutmütigkeit der Erzieherinnen ausnutzen und die Kinder zu spät abholen.

Geschafft – na ja, zehn Minuten zu spät. Mit einem um Entschuldigung bittenden Lächeln hetze ich in den Kindergarten. Jetzt möchte ich nichts lieber als nach Hause und in Ruhe eine Tasse Tee trinken. Warum können sich Dreijährige nicht in Erwachsene einfühlen? Franziska nervt mich. Alle paar Schritte bleibt sie stehen. Sieht in die Schaufenster. «Mama, kaufst du mir was?» Na gut, ich kaufe ein Eis, dann hab ich Ruhe. Mir fällt ein, heute abend habe ich mich zum Kino mit einer Freundin verabredet.

Zu Hause komme ich nicht zur Ruhe. Ich hatte gehofft, daß Franziska etwas draußen spielt, damit ich einige dringende Dinge erledigen kann. Aber sie klebt an mir. Klar, Kinder spüren, wenn man sie loswerden will!

Jetzt soll es schnell gehen. Um halb acht will ich Franziska im Bett haben, damit sie schläft, wenn meine Freundin kommt. Ich setze schnell Milch auf, schneide Brot.

«Mamaaaa, huh, Mama.» Franziska ist im Bad auf dem Schemel ausgerutscht und weint heftig. «Oh, du hast eine Beule», tröste ich sie. Franziska spielt mit dem Essen. Um sieben Uhr endlich helfe ich ihr beim Ausziehen. Der Weg zum Bad ist mit Aktivitäten ge-füllt. «Mama, ich zeig dir mal, ich kann jetzt einen Purzelbaum.» «Mama, geh mal rückwärts, ich führ dich», usw. Ich lese meiner Tochter eine Geschichte vor. Nach zwei Seiten ist Schluß, so habe ich es vorher angekündigt. Franziska bettelt, nur noch bis da, nur noch bis da. Vielleicht schläft sie eher, wenn ich nachgebe. Aber im Gegenteil, sie probiert weiter. Schließlich sage ich laut: «Jetzt ist Schluß!» Franziska heult. Es klingelt. Ich bitte meine Freundin: «Setz dich schon mal, wir können los, sobald mein Mann da ist.» Franziska kommt aus dem Kinderzimmer: «Mama, ich habe Durst!» Dann ruft mein Mann an: Er kommt später! Ich reagiere gereizt. «Du wußtest doch, daß ich weg will.» Er erwidert, schließ-lich habe er letzte Woche auch einen Termin verschoben.

Es gibt Tage, wo einfach alles schiefläuft. Dann weiß ich, daß ich eigentlich nicht Franziska meine, wenn ich sie anmeckere. Zeitdruck und Hektik sind ein idealer Nährboden für aggressives Verhalten. Schuldzuweisungen sind dann völlig überflüssig. Wich-tiger ist zu überlegen: Habe ich mir mal wieder zu viel vorgenom-men? Streß und Ärger sind Zwillinge.

Der kleine Klaps

Unsere Töchter waren im Kindergarten dicke Freundinnen geworden. Wir Mütter fanden uns auch sympathisch. Ich freute mich über die Einladung von Frau W. «Bei uns ist dicke Luft», empfängt sie mich. «Karen war mal wieder unmöglich.» Sie schildert mir, noch ziemlich erregt, was sie auf die Palme gebracht hat. «Das ging schon den ganzen Tag so. Sie machte dauernd etwas, was sie nicht sollte, an den Plattenspieler gehen, auf dem Sofa hüpfen. Es dauert ja ziemlich lange, bis ich wütend werde, aber vorhin war es aus. Karen hatte Durst, und ich gab ihr ein Glas Milch. Sie schob das Glas weg: ‹Ich will was anderes!› – ‹Gut, willst du Saft?› Ich goß ihr Orangensaft ein. ‹Das Glas soll voll sein›, quengelte sie. Ich habe ein wenig mehr eingegossen. Sie schrie wütend ‹voll, voll›. Ich war schon auf 180. ‹Sieh mal, Karen›, versuchte ich zu erklären, ‹du verschüttest es.› – ‹Nein, nein, ich will aber ...› Dann habe ich noch ein bißchen mehr eingegossen. Was macht das Kind? Es sieht mich provozierend an und kippt das Glas absichtlich um. Da bin ich ausgeflippt und hab ihr einen Klaps auf den Hintern gegeben.»

Nicht wahr, das war doch das einzig Richtige, lese ich in Frau W.s Blick. Ich soll ihr wohl eine pädagogische Absolution erteilen.

Ich fühle mich unwohl. Zwar kann ich gut verstehen, wie sehr Frau W. durch Karen provoziert worden ist. Trotzdem hätte ich sie gern gefragt, ob sie meint, Karens Verhalten würde sich durch den Klaps ändern.

«Und was war dann?» frage ich. «Dann war es gut», sagt Frau W. «Ich habe manchmal den Eindruck, Karen wartet richtig darauf, daß sie einen Klaps bekommt. Früher haben mein Mann und ich es anders versucht. Aber es wurde immer schlimmer. Karen ließ sich gar nichts mehr sagen. Wir haben gemerkt, die will auch mal Grenzen haben. Manchmal schaukelt sich die Situation so hoch, dann hilft nur noch ein Klaps. Dann ist komischerweise Ruhe.»

Als ich sage, daß es mir auch schon mal «passiert» ist, scheint Frau W. erleichtert. Ich finde es aber trotzdem falsch, erkläre ich ihr. Es war bei mir eher ein Gefühl, jetzt brennt die Sicherung durch, du hast dich nicht mehr unter Kontrolle. Frau W. sagt, sie wüßte ja auch gerne, wie man ohne Klaps auskommen kann. Von einer Laisser-faire-Erziehung hält sie aber nichts. Ein Kind müsse doch auch lernen, sich einzuordnen. «Ich glaube nicht, daß Kinder, die alles dürfen, glücklicher sind. Unter meinen Schülern, die ich als Lehrerin habe, sind Jugendliche, die sagen, sie hätten von ihren Eltern mal ein Nein erwartet, aber das kam nicht.»

«Also, dann ist der Klaps das letzte Mittel, wenn gar nichts mehr geht?» – «So ungefähr», meint Frau W. «Dem geht immer ein langer Nervenkrieg voraus. Oder aber es ist eine Situation, wo Karen unbedingt gehorchen muß, da gibt's kein Wenn und Aber. Wenn wir zum Beispiel einen Bus erreichen müssen, und sie will sich nicht anziehen, dann zwinge ich sie auch mit Gewalt!»

«Manchmal denke ich, vielleicht liegt es auch an mir», wende ich ein, «daß ich nicht früh genug sage, was ich will. Erst gehe ich einem Konflikt aus dem Weg, will mich aber dann doch durchsetzen.» Frau W. stimmt mir zu: «Bei mir ist das bestimmt so. Ich habe mich in den ersten Jahren ganz auf Karen eingestellt, sie bestimmte, wann wir aufstanden, wie der Tag verlief. Ich fand das auch schön. Aber jetzt, wo sie im Kindergarten ist und ich wieder arbeite, ist das schon eine Umstellung für sie. Daß sie sich mir anpassen soll, kennt sie nicht.»

Inzwischen ist Karens Vater dazugekommen. «Ich gebe Karen auch mal einen Klaps», schaltet er sich ein. «Es ist doch Quatsch, daß ihr das schaden soll.» – «Na ja, Sie wenden aber Gewalt an und sind sicher nicht das beste Vorbild», wende ich ein. Damit bin ich wohl zu weit gegangen, denn Herr W. sieht mich entgeistert an. «Ich empfinde mich nicht als aggressiv. Aggressiv ist doch, wenn man jemandem weh tun will. Ich will Karen aber nur zeigen, bis hierher und nicht weiter. Und meine Klapse tun ihr bestimmt nicht sehr weh, wenn ich sehe, wie sie nach kurzer Zeit weiterspielt. Entschuldigt mich, ich muß noch was tun», verabschiedet sich Herr W.

Das war der reinste Schlagabtausch, denke ich. Wieder einmal merke ich, wie empfindlich wir sind, wenn es um Erziehungsfra-

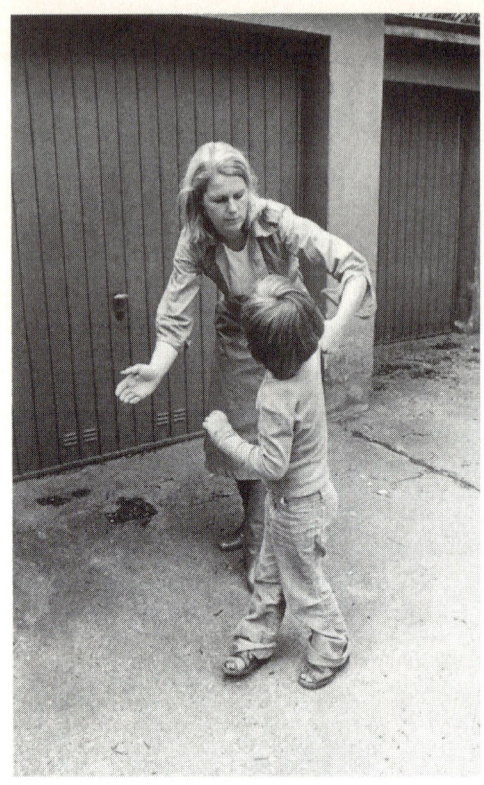

«Mal eins hinter die Ohren schadet doch nichts!»

gen geht. Eltern fühlen sich schnell angegriffen. Das kommt wohl daher, daß man so wenig Abstand hat. Man weiß ja, kindliches Verhalten hat sehr viel mit dem eigenen zu tun. Deshalb ist Kritik am Kind immer auch indirekt Kritik an den Eltern. Vieles macht man anders, als man eigentlich fest vorhatte. Irgendwie schafft man es nicht oder vergißt es, oder die Situation ist eben doch anders.

Familienideologie und Realität

Wir lieben unsere Kinder. Passen Liebe und Wut, Zorn, ja vielleicht sogar Haßgefühle zusammen? Psychologen sagen ja. Die Familienideologie sagt nein. In einer glücklichen Familie herrscht eitel Sonnenschein, kleine Streitigkeiten löst man mit einem Augenzwinkern und einem Schuß Humor. So läuft's wohl nur im Fernsehen. Viele schämen sich negativer Gefühle, fühlen sich schuldig, keine gute Mutter, kein guter Vater zu sein.

Ein erster Schritt ist, mit anderen Eltern darüber zu sprechen. Da merkt man schnell, daß man mit seinen widerstreitenden Gefühlen nicht allein ist.

«Auf den Elternabenden, da haben wir darüber gesprochen, was wir machen, wenn die Kinder nicht folgen wollen», erzählt Karens Mutter. «Viele sagten, das ist doch kein Problem, die müssen die Konsequenzen spüren. Wenn das Zimmer nicht aufgeräumt ist, dann wird eben vorher nicht ferngesehen. Schläge selbstverständlich nicht. Ich war richtig erleichtert, als hinterher in der Kneipe eine Mutter zu mir sagte, ihr sei auch schon mal die Hand ausgerutscht. Aber so vor allen das zu sagen, hätte ich mich nicht getraut, obwohl ich sicher bin, daß es vielen so geht.»

Strafe muß sein?

Zwei Drittel aller Eltern strafen gelegentlich körperlich. Rohrstock und Ohrfeigen, noch vor gar nicht langer Zeit als Ausdruck «elterlicher Gewalt» legitim, sehen wir heute als Kindesmißhandlung an. Dabei dürfen wir nicht vergessen: Erst 1976 wurde in den alten Bundesländern mit dem Gesetz zur Elterlichen Sorge das Züchtigungsrecht der Eltern abgeschafft. Nach Angaben des Deutschen Kinderschutzbundes kommt diese Gewalt aber noch in 20 Prozent der Familien vor. Der «kleine Klaps» tut doch gar nicht weh! Ob etwas weh tut, kann ganz allein das Kind entscheiden. Und mit dem Klaps gehen ja auch meist Schimpfen und Drohen einher, die auch weh tun. Wie Kinder darüber denken, zeigt eine Befragung in Sachsen-Anhalt: Für 41 Prozent der Kinder steht das Recht auf eine gewaltfreie Erziehung an erster Stelle ihrer Wünsche (vgl. Deutscher Kinderschutzbund 1997).

Weiter oben (S. 37) habe ich beschrieben, daß Eltern und Pädagogen Modelle für Verhalten sind. Wer Kinder haut, lehrt sie, Schlagen sei erlaubt, wenn man die Macht dazu hat. Kinder lernen bald, eine möglichst plausible Entschuldigung für ihr aggressives Verhalten zu finden. «Ich hab den Markus gehauen, weil er Tine das Auto weggenommen hat», sagt Karen überzeugt.

Eltern strafen, weil es meist sofort bewirkt, daß das Kind sein Verhalten einstellt. Erfolge wirken bekräftigend und bestätigen Eltern und Erzieher: «Ich hab's doch gleich gesagt, das mußte mal sein!» Das macht es so ungeheuer schwer, auf Strafe zu verzichten. Dennoch hat es jeder Erwachsene selbst in der Hand, diesen Kreislauf zu durchbrechen. Denn es macht einen Unterschied, ob ein «Klaps» aus Hilflosigkeit rührt oder ob Eltern darin ein sinnvolles Erziehungsmittel sehen. Dem Kind tut der Klaps gleich weh. Hilflosigkeit kann man aber überwinden.

Die meisten von uns sind als Kinder selbst bestraft, manchmal auch geschlagen worden. Was empfinde ich bei der Erinnerung an solche Situationen? Angst, Wut, Hilflosigkeit? Die Empfindung für das Kind, das ich selbst einmal war, kann helfen, den «kleinen Klaps» in Zukunft zu vermeiden.

Zurück zur guten alten Zeit?

Noch für unsere Großeltern waren Vater, Mutter und der Lehrer unbedingte Autoritäten. Kinder mußten gehorchen. Alles schien klar. Eltern gibt man keine «Widerworte». Der Besuch bekommt das «liebe Händchen». Erwachsene stört man nicht. Strafe muß sein. «Du bist aber ein braves Mädchen!» lobte meine Tante. Mein Cousin durfte als Junge schon mal über die Stränge schlagen. In der Pubertät gab's Rebellion. Sie wurde mit «Solange du deine Füße unter meinen Tisch ...» beantwortet. Nicht alle Erwachsenen haben den Groll gegen die Eltern verarbeitet. Oft hält der Machtkampf ein Leben lang an.

«Erziehung zum Ungehorsam» war das Motto der antiautoritären Kinderläden nach 1968, eine damals für die meisten Eltern völlig exotische Einstellung. Wenn über 90 Prozent der Eltern heute meinen, ein Kind brauche vor allem Freiheit für seine Entwicklung, und Werte wie Ordnung, Sauberkeit und Anpassung seien nicht so wichtig, zeigt das, wieviel sich verändert hat. Sebastian, Christian und die anderen Kinder wären vor dreißig Jahren als ungezogen bestraft worden.

Wutausbruch, Streit und Konflikte sehen wir glücklicherweise nicht mehr als Verstoß gegen die guten Manieren an. Kinder sollen widersprechen, ihre eigene Meinung entwickeln und Gefühle nicht unterdrücken. Aber sind wir damit nicht zu weit gegangen, fragt sich mancher. Sind nicht Disziplin und klare Wertmaßstäbe nötig, wenn Kinder gemeinschaftsfähig statt egoistisch werden sollen? Diese Sorge wird durch Medienberichte genährt, nach denen zunehmend mehr Pädagogen und Eltern mit dem Verhalten von Kindern nicht mehr klarkommen und hilflos reagieren. Allerdings können wir nicht zurück zur «guten alten Zeit». Die war im übrigen gar nicht so gut. Zwar waren die Kinder in Gegenwart der Erwachsenen brav – aber dafür außer Sichtweite genau das Gegenteil! Ich habe als Kind noch gelernt, mich negativer Gefühle zu schämen. Meine Angst, abgelehnt zu werden, wenn ich Ärger zeige, ist heute noch manchmal da. «Jetzt ist Mami aber ganz traurig ...» Mühsam mußte ich lernen, Konflikten nicht aus dem Weg zu gehen und mich selbstbewußt durchzusetzen.

Soziales Verhalten lernt man nur in Gemeinschaften

Seinen Platz in unserer heute sich rasant verändernden Gesellschaft findet, wer selbstbewußt, konflikt- und entscheidungsfähig ist, wer etwas aktiv in Angriff nimmt (das bedeutet übrigens das Wort Aggression ursprünglich im Lateinischen), statt abzuwarten und sich einzuordnen. Unsere Gesellschaft ist individualistischer geworden. Wer aber keine kalte «Ellbogengesellschaft» will, muß sich Gedanken machen, wie Kinder kooperatives und solidarisches Verhalten lernen können.

Soziales Verhalten lernt man nur in Gemeinschaften. Das Vorbild von Erwachsenen und der Umgang in der Familie sind dafür von großer Bedeutung. Ebensowichtig sind aber Gruppenerfahrungen. Wie man mit anderen Kindern auskommt, lernten Kinder früher mit ihren Geschwistern zu Hause und auf der Straße, wo sie

Wie man mit anderen auskommt, lernen die Kinder in der Gruppe

in Gruppen den ganzen Nachmittag spielten und tobten. Zank, Streit und Tränen, aber auch Vertragen, Freundschaft, Geheimnisse, Zusammenhalten gegen Erwachsene gehörten dazu. Diese natürlichen Erfahrungen sind heute immer weniger da.

Pädagogische Forschung hat in den letzten Jahren nachgewiesen, was den Kindern dadurch verlorengegangen ist. Die Erfahrungen in einer Kindergruppe sind grundlegend anders als in Erwachsenen-Kind-Beziehungen, weil Erwachsene von vornherein einen Kompetenzvorsprung haben. Lange ging man davon aus, daß es reicht, wenn ein Vorschulkind mit vier Jahren den Kindergarten besucht. Inzwischen weiß man durch zahlreiche Untersuchungen, daß auch Babys und Kleinkinder das regelmäßige Zusammensein mit Gleichaltrigen brauchen. Krabbelgruppen, Spielgruppen und Kindergärten sind heute Orte quasi-geschwisterlicher Erfahrung und Ersatz für das frühere Gemeinschaftsleben. Weil Kinder nicht durch Belehrung, sondern durch Erleben lernen, müssen gute Kindergärten viel Freiraum für selbstorganisiertes Spielen, Bewegung und Toben bieten. In Kinderstreit sollten Erzieherinnen wenig eingreifen. Versuchen Sie es deshalb als Eltern auszuhalten, wenn ihr Kind zeitweise unglücklich darüber ist. Das bedeutet nicht, daß eine Erzieherin gleichgültig alles laufen läßt. Natürlich braucht ein Kind Schutz, wenn es sich gegen gewaltsame Übergriffe anderer Kinder nicht zu helfen weiß. Genausowichtig ist, daß Erzieherinnen jede kooperative Konfliktlösung der Kinder bekräftigen, sie dabei unterstützen und durch Gespräche, Geschichten und Spiele verstärken. Wie Erwachsene Kinder bei der selbständigen Bewältigung ihrer Konflikte unterstützen können, beschreibt das Konzept der «Emotionalen Intelligenz».

Was ist emotionale Intelligenz?

«Was machen Sie, wenn Kinder Sie beschimpfen, vielleicht sogar treten?» fragte ich Erzieherinnen in einer Fortbildung über Aggressionen in der Kindertagesstätte. «Ruhig bleiben, auf keinen Fall emotional werden», sagt eine Erzieherin, viele andere nicken zustimmend.

«Emotional werden» gilt in Konfliktsituationen immer noch als Schwäche. Die rationale, sachliche Auseinandersetzung ist der Sieg über die Emotion. Erwachsene, die ihren Gefühlen allzu freien Lauf lassen, gelten als kindisch, Kinder werden gelobt, weil sie schon so vernünftig sind. «Was befürchten Sie, wenn Sie emotional werden?» möchte ich von der Erzieherin wissen. «Dann raste ich vielleicht aus oder schlage sogar zurück.»

Angst, die Beherrschung zu verlieren, kennen wohl alle Eltern und Pädagogen. Aber deshalb die Emotionen zu unterdrücken, ist auch kein Weg.

Unser Weltbild betont die Vernunft sehr einseitig. Intelligenz war bisher gleichbedeutend mit der Fähigkeit zu rationaler Problemlösung. Gefühle ohne plausible logische Erklärungen wurden als irrational abgewertet; dies gilt übrigens im patriarchalischen Weltbild als typisch weibliche «Schwäche». Dementsprechend galt ein empfindsamer Mensch bis vor nicht allzu langer Zeit als nicht besonders lebenstauglich.

Seit einigen Jahren hingegen sieht man das anders. Experten sprechen nun von «emotionaler Intelligenz», wenn ein Mensch die Fähigkeit besitzt, die eigenen und die Gefühle anderer wahrzunehmen und darüber zu kommunizieren. Doch genau diese emotionalen und sozialen Fähigkeiten vieler Kinder haben dramatisch abgenommen, behauptet der amerikanische Psychologe Daniel Goleman in seinem Bestseller «Emotionale Intelligenz». Und wer die eigenen Gefühle nicht gut wahrnimmt, kann sich auch schlecht in andere einfühlen. Dies gilt besonders für Kinder, die oft nicht spüren und damit umgehen können, daß sie ängstlich, verletzt oder verwirrt sind, und mit Aggression darauf reagieren.

Signale aus ihrer Umwelt – wenn z. B. ein anderes Kind auf sie zukommt – nehmen sie überwiegend als bedrohlich wahr, Körperkontakt ist gleichbedeutend mit Angriff. In Entspannungs- und Wahrnehmungstrainings, die z. B. von Beratungsstellen angeboten werden, lernen diese Kinder, ihre Gefühle differenzierter wahrzunehmen und auszuhalten, ohne zuzuschlagen (vgl. Petermann 1994).

Der Einfluß der Eltern auf die «emotionale Intelligenz» ihrer Kinder

Der amerikanische Psychologe John Gottman (1997) hat in umfangreichen Familienstudien nachgewiesen, wie sich der elterliche Erziehungsstil auf die «emotionale Intelligenz» von Kindern auswirkt. Im Mittelpunkt standen dabei emotional aufgeladene Konfliktsituationen und der Umgang der Eltern mit Wut und Traurigkeit ihrer Kinder.

Gottman unterscheidet dabei drei Reaktionsmuster von Eltern:
1. Mütter oder Väter, die Wut ignorieren oder lächerlich machen. Eine solche Nichtbeachtung kindlicher Gefühle ist zum Beispiel eine Bemerkung: «Wie du dich aufführst ist albern.» Zorn und Trotz von Babys und Kleinkindern kommentieren Erwachsene manchmal amüsiert: «Ist sie nicht putzig, wenn sie so wütend mit dem Fuß aufstampft?»
2. Ein weiteres Muster nennt Gottman Mißbilligung. Das Kind wird für seinen Gefühlsausbruch beschimpft, Strafen werden angedroht oder ausgeführt.
3. Die Laisser-faire-Haltung als drittes Verhaltensmuster schließlich versteht und verzeiht alles, gibt dem kindlichen Willen immer nach, hilft ihm aber nicht, neue Lösungen für Konflikte zu entwickeln. Dabei unterdrücken Eltern häufig eigene Wünsche und Interessen und fahren einen Zickzackkurs, der das Kind noch mehr verwirrt.

All dieses Elternverhalten verhindert, daß Kinder fähig werden, ihr Verhalten selbst zu regulieren. Wenn ihre Gefühle ignoriert, bagatellisiert oder bestraft werden, lernen Kinder, sie als falsch oder schlecht zu unterdrücken. In Streßsituationen reagieren sie unsicher oder übertrieben.

So können Sie Ihrem Kind helfen

«Emotional intelligente Eltern» unterscheiden sich von den bisher beschriebenen dadurch, «daß sie ihre Kinder auf der Reise in die Welt der Emotionen bei der Hand nehmen» (Gottman 1997, S. 83). Wie die Laisser-faire-Eltern nehmen sie Anteil, lassen ihr Kind jedoch nicht endlos gewähren. Sie setzen Grenzen, wenn ihre Interessen berührt werden, und zeigen ihren Kindern wie diese ihre Gefühle regulieren, geeignete Ventile entdecken und Probleme lösen können.

«Du darfst alles fühlen, aber nicht alles tun!»
Fünf Schritte, die Kindern helfen
Kleine Kinder erleben die Welt noch ohne Filter. Gemeint sind die Filter unserer Lebenserfahrung: zu wissen, wie wir uns selbst beruhigen, angstmachende Erlebnisse einordnen und Hilfe holen. Kindliche Reaktionen sind heftig und Emotion pur. Gottman nennt fünf Schritte, wie Erwachsene Kindern helfen können, ihre Gefühle zu verarbeiten:
1. Schritt: Sich der Gefühle des Kindes bewußt werden.
2. Schritt: Gefühlsäußerungen als eine Gelegenheit begreifen, dem Kind nahe zu sein und ihm etwas zu vermitteln.
3. Schritt: Mitfühlend zuhören und die kindlichen Gefühle bestätigen.
4. Schritt: Dem Kind helfen, seine Gefühle zu artikulieren und
5. Schritt: Grenzen setzen, dem Kind aber gleichzeitig helfen, das akute Problem zu lösen.
(vgl. Gottman 1997, S. 99 f.)

Dies geht, wenn Sie versuchen, die Situation mit den Augen des Kindes zu sehen. An den Beispielen aus diesem Kapitel: Tanja ist gerade in ihr Spiel vertieft, Franziska spürt meine Hektik und wünscht sich volle Aufmerksamkeit.

Das ist nicht immer einfach. Eine Dreijährige ruft eben «Mama, ich hab Durst» (wie meine Tochter in dem vorhin genannten Beispiel) und erklärt nicht: «Verdammt noch mal, Mama, deine Hektik geht mir auf die Nerven. Du bist heute abend gar nicht richtig bei mir. Hast du denn deine Freundin lieber als mich?»

Nachvollziehbar, daß man sich als Eltern nicht *immer* mit kindlichen Bedürfnissen beschäftigen kann und will und – wie in meinem Fall – lieber noch ein Glas Milch holt. Oder daß man vernünftig argumentiert: «Du hast bereits drei Gläser getrunken.» Oder daß man beginnt zu verhandeln. Einem Kind dabei helfen, seine Gefühle zu verstehen, hieße aber, sie in einer solchen Situation z. B. in folgende Worte zu fassen: «Du möchtest, daß ich noch bei dir bleibe.» Manche Eltern befürchten, dann gäbe es kein Zurück mehr und der Kinobesuch wäre gestrichen. Meine Erfahrung ist anders. Die Situation entspannt sich oft sehr, sobald ein Kind sich verstanden fühlt. Verstehen heißt ja nicht, das eigene Bedürfnis «um des lieben Friedens willen» zu unterdrücken. Genauso, wie das Kind mir seine Grenze gezeigt hat, sollte ich dies auch tun. Es sollte allerdings auch heißen, gemeinsam nach einem Kompromiß zu suchen.

Ein Konzept für Eltern

Das Konzept der Emotionalen Intelligenz ist kein Lernkonzept für Kinder, mit denen diese noch schneller schlau werden, sondern eher eins für Erwachsene. Verglichen mit der Zeit vor der Geburt meiner Tochter, empfinde ich das Leben heute mit ihr (und den dazugehörigen Veränderungen in der Partnerschaft) oft wie emotionales Achterbahnfahren. Aussteigen auf der Strecke ist aber nicht möglich. Statt die Zähne zusammenzubeißen und «Augen zu und durch» geht es mir besser dabei, Höhen und Tiefen bewußt zu erleben, das Schöne zu genießen und auch mal «Stopp» zu rufen, wenn es mir zu viel wird. Erst im nachhinein habe ich gemerkt, daß auch meine Tochter davon profitiert, wenn ich gut für mich selbst sorge. Als sie ungefähr fünf Jahre alt war, nahm ich an einem Aggressionstraining teil, bei dem wir Erwachsenen Wut und Zorn durch Einschlagen auf Schaumstoffkissen körperlich abreagierten. Eher beiläufig erzählte und zeigte ich dies meiner Tochter, eigentlich eher, um sie an meinem Leben teilhaben zu lassen. Mehrere Jahre später sagte sie einmal zu mir: «Mama, es war ganz toll, daß du mir mal gezeigt hast, was ich machen kann, wenn ich wütend bin.»

«Hilfe, ich bin doch kein Übermensch! Ich kann mich nicht immer richtig verhalten!» werden Sie jetzt vielleicht von sich denken. Doch mit einem solchen Perfektionsdrang wären Sie sowieso eher unzufrieden. Im elterlichen Alltag läuft einfach manches schief. Wichtig ist, daß auch wir unsere Wut, Enttäuschung und Traurigkeit spüren und lernen, sie mitzuteilen. Die Verleugnung unserer eigenen aggressiven Gefühle führt zu Schuldgefühlen und versteckten Aggressionen gegen unsere Kinder und Partner. Wenn wir in negativen Emotionen einen Wert sehen statt sie möglichst schnell verschwinden zu lassen, ermöglichen wir eher Geduld und Gelassenheit.

Mit Aggressionen leben

Manches, was ich aus Ärger, Wut, Enttäuschung, Streß tue oder sage, empfindet meine Tochter als Gewalt. Ich erfahre immer wieder, wie schwer es mir fällt, auf Machtworte, Drohungen und «sanfte Gewalt» zu verzichten. Es scheint viel einfacher zu sein als zuzuhören, zu verhandeln, Kompromisse zu schließen.

Mit Konflikten und Aggressionen umzugehen, heißt für mich vor allem, zwischen aggressiven Gefühlen und Handlungen zu unterscheiden und Alternativen zu kennen.

Patentrezepte gibt es dafür nicht. Vielleicht sind Ihnen anhand der Beispiele Situationen eingefallen, in denen Sie die Beherrschung verlieren. Überlegen Sie, wie es dazu kommt, zum Beispiel unter Zeitdruck, oder weil alle auf einmal etwas wollen, oder weil Sie sich im Büro geärgert haben. So etwas passiert immer wieder, das gibt Ihnen vielleicht die nötige Gelassenheit, nervige Situationen durchzustehen und nicht das Kind anzuschreien. Oder aber nach Entlastung zu suchen, erst mal eine halbe Stunde spazierenzugehen, während Partner, Bekannte, Freunde oder Nachbarn bei den Kindern sind. Oder Aufgabenteilungen in der Familie neu zu regeln und unrealistische Vorhaben aufzugeben.

Meine Freundin setzt sich ans Klavier und hämmert drauflos, wenn sie ärgerlich ist. Gartenarbeit, wildes Tanzen, Musik zum Entspannen, es gibt viele Möglichkeiten, sich abzulenken. Freude vertreibt Ärger.

Ärger und Zorn sind ansteckend. Übernehmen Sie nicht die Verantwortung für jeden Zorn ihres Kindes; vertrauen Sie darauf, daß es meistens allein damit umgehen kann. Wut und Zorn kommen und gehen auch wieder vorbei. Es macht neidisch zu sehen, wie schnell bei Kindern Zorn verraucht. Oft streiten sich Kinder heftig. Wenn wir noch überlegen, ob wir eingreifen sollen, sind sie schon wieder ein Herz und eine Seele.

Familie und Kindheit sind keine heile Welt. Aggressionen werden nicht erst aus dem Kindergarten mitgebracht, sondern sind von Anfang an da. Wenn Eltern Konflikte unterdrücken, wenn sie ständig eingreifen und ablenken, verhindern sie, daß Kinder an eigenen Erfahrungen wachsen. Vieles regelt sich von selbst viel besser als unter den Argusaugen der Erwachsenen.

Aus eigener Unsicherheit vermitteln wir einem Kind häufig zwei sich widersprechende Botschaften: Sei friedfertig und kooperativ, sei auch stark und durchsetzungsfähig! Am liebsten hätten wir ja beides: sanft, nachgiebig, geduldig, einfühlsam, mutig, sein Recht fordernd.

Manchmal denke ich, Kinder haben es heute schwer, es uns recht zu machen. Wir lassen ihnen keine Zeit zu experimentieren, auch

Kinder können ihre Gefühle noch nicht so kontrollieren wie die Erwachsenen

an negativen Erfahrungen zu wachsen. Da sie selten ohne pädagogische Aufsicht sind, beurteilt immer jemand ihr Verhalten. Es ist ein großer Druck, perfekt sein zu müssen.

In mancher Hinsicht werden Kinder heute wie «kleine Erwachsene» gesehen. Sie werden ernster genommen und an vielen Entscheidungen in der Familie gleichberechtigt beteiligt. Dafür wird von ihnen aber eher als von früheren Kindergenerationen erwartet, über Konflikte vernünftig zu reden, aggressive Gefühle zu kontrollieren, sich nicht körperlich auseinanderzusetzen. Wie ich anhand entwicklungspsychologischer Forschungsergebnisse im vorangegangenen Kapitel gezeigt habe, ist diese Erwartung verfrüht.

Worauf Sie als Eltern und Pädagogen achten können

Bedürfnisse herausfinden:

Beurteilen Sie das Verhalten eines Kindes nicht vorschnell aus Ihrer Sicht, sondern überlegen Sie zunächst, welches Bedürfnis sich darin äußert. Vielleicht läßt es sich auch in anderer konstruktiver Weise befriedigen.

Gefühle, aber nicht Handlungen zugestehen:

Unterscheiden Sie zwischen Gefühl und Handlung. Sagen Sie dem Kind, daß es zornig sein darf, es dann schreien, wütend und auf Kissen – aber nicht auf Menschen – treten darf. Reden Sie einem Kind niemals seine Gefühle aus!

«Schmerzgrenzen»:

Vereinbaren Sie in der Elterngruppe oder im Kindergarten «Schmerzgrenzen», das sind klare (aber nicht zu viele Regeln): 1. Beim Toben und Raufen nicht treten! 2. Wenn ein Kind «aufhören» sagt, sofort aufhören! 3. Wenn ein Kind nicht angefaßt werden möchte, es in Ruhe lassen! Die Erwachsenen versprechen den Kindern, daß sie (nur dann) eingreifen, wenn die Regeln nicht eingehalten werden.

Über Zuständigkeiten sprechen:

In Eltern-Kind-Gruppen oder auf Spielplätzen ist oft jede Mutter nur für ihr Kind «zuständig», andere Mütter (oder Väter) scheuen sich, ein fremdes Kind anzusprechen, wenn es dem eigenen Kind weh tut. Reden Sie mit anderen Eltern über diese Hemmschwellen. Sie können durchaus zu einem anderen Kind sagen: «Halt! Das ist mir jetzt zuviel. Ich kann das nicht aushalten.» Verzichten Sie aber darauf, das andere Kind und ihr eigenes zu belehren, sie bringen dadurch andere Eltern in Rechtfertigungszwang.

Hilfen in Anspruch nehmen:
Wenn Ihnen aggressives Verhalten Ihres Kindes wirklich Sorgen macht, überlegen Sie: Was stört mich, was macht mir Angst, was macht mich unruhig? Was tut das Kind, und wie reagiere ich normalerweise? Möglicherweise entdecken Sie Muster, vielleicht einen Teufelskreis, in dem sie selbst mittendrin stecken. Jedes – auch destruktives – Verhalten macht einen Sinn. Manchmal ist es gut, Hilfen in Anspruch zu nehmen, wenn man als Eltern selbst nicht weiterkommt. Gespräche mit anderen Eltern und Erzieherinnen entlasten. Eine andere Sichtweise kann wichtige Hinweise bringen, Schuldzuweisungen blockieren eher. Erziehungs- und Familienberatungsstellen bieten ebenfalls Unterstützung, dabei ist wichtig, daß nicht nur das Kind als «Problemfall» behandelt wird, sondern alle Familienmitglieder bereit sind, ihr Verhalten zu hinterfragen.

Positive gemeinsame Erfahrungen ermöglichen:
Es liegt am Thema des Buches, wenn mehr negative als positive Geschichten darin vorkommen. Ich fände es schade, über den Wutausbrüchen die Ausbrüche an Zärtlichkeit und Liebe im Leben mit Kindern zu vergessen.
Schaffen Sie mehr Möglichkeiten, das Zusammensein mit Kindern wirklich zu genießen, sich einzulassen auf ihren Taten- und Bewegungsdrang – das ist ein unerläßliches Gegengewicht zu den Einschränkungen und Regeln, die wir Erwachsenen Kindern setzen müssen.

Kapitel 6
Vom standhaften Zinnsoldaten
zur Laserkanone

Trommel und Gewehr – Spielzeug früher

«In einem militärischen Land wie Deutschland, da sind die fröhlichen Uniformen, die Musik, die Fahnen, die Prozessionen die ersten Dinge, die den Blick des Kindes anziehen, und sein frühester Wunsch ist auf einen Helm, ein hölzernes Schwert und eine Trommel gerichtet. Manchmal schenkt der Vater seinem kleinen Sohn eine ganze Uniform zum Geburtstag» (Johansen 1986, S. 44). Kriegs- und Soldatenspiele nennt das um 1880 erschienene Buch «Childrens of all nations» typisch deutsch.

Und wenn damals im familiären Kreise vom Krieg gesprochen wurde, erschien er den Kindern wahrscheinlich als nicht sehr bedrohlich. In den Erzählungen des Großvaters, Vaters und anderer Bekannter war Krieg Bestandteil des alltäglichen Lebens.

Kaiser und König waren gleichzeitig oberste Kriegsherren, an Feiertagen unterbrachen Paraden und Aufmärsche das eintönige Leben, Militärkapellen und Volksbelustigungen erfreuten auch die Kinder. Schließlich waren Soldaten Amtspersonen, die im Untertanenstaat etwas zu sagen hatten. Wenn die Soldaten in die Stadt kamen und Quartier nahmen, hatten die Kinder schulfrei, die Jungen lungerten in der Nähe des Soldatenlagers herum.

Im 19. Jahrhundert gab es Armeen und Waffen aus der ganzen Welt als Spielfiguren aus Zinn zu kaufen. Die «standhaften Zinnsoldaten» gehörten in das Kinderzimmer jedes kleinen Jungen aus bürgerlicher Familie. Im Kaiserreich sangen die deutschen Kinder: «Trommeln, Pfeifen und Gewehr, Helm und Säbel und noch mehr, ja ein ganzes Kriegesheer, möcht ich gerne haben.»

Bis vor etwa 250 Jahren war Kindheit kein vom Erwachsensein getrennter Lebensabschnitt. Kinder waren «kleine Erwachsene».

Durch Zusammensein und Arbeiten mit den Großen lernten sie nach und nach alles Notwendige. Nur der Adel und später reiche Bürger hatten Spielzeug für ihre Kinder, kostbare, von Hand gefertigte Miniaturen. Der Begriff «kindgemäß» ist dem damaligen Denken geradezu entgegengesetzt. Spielzeug sollte möglichst genaues Abbild der Erwachsenenwelt sein. Kampf-, Kriegs- und Soldatenspiele hatten dabei große erzieherische Bedeutung. Sie fanden zu Hause statt und waren Bestandteil von Stundenplänen in Kindergärten und Schulen. Schon damals gab es einen «Medienverbund» aus Spielfiguren, Zeitschriften und Büchern. Die einzelnen Schlachten wurden von den Nürnberger Spielzeug-Manufakturen als Serien hergestellt. Die Hersteller schufen Figuren mit mehreren Armen und Beinen in verschiedenen Stellungen. Sie konnten, je nach Bedarf, abgeschnitten werden. Auch ohne die Beweglichkeit heutiger Plastikfiguren konnten so verschiedene Kampfsituationen dargestellt werden. Auch für die berühmte Puppenkünstlerin Käthe Kruse war es selbstverständlich, «bewegliche Soldaten» herzustellen. In einem Brief schreibt sie: «... mein Mann hatte mir gesagt, ich solle nun Soldaten machen. Das war natürlich, denn man denkt jetzt nur an Soldaten ... Und wenn man Soldaten macht, dann müssen die alles tun können, was die draußen tun. Das war klar. Alles mußte man damit machen können. Fein mußte es sich damit spielen lassen! Der Phantasie alle Möglichkeiten geboten werden, den Soldaten in jede Stellung zu bringen, die der vorschwebenden Situation entspricht. Genau entspricht ...» (zit. nach Kaufmann 1979, S. 26). Im III. Reich gab es dann die SA-Puppe der Firma Käthe Kruse.

Während des Nationalsozialismus erlebte das Kriegsspielzeug seine Hoch-Zeit. Es sollte kleine Jungen auf ihre spätere Rolle als Soldaten des Führers vorbereiten. Kämpfen, sich behaupten, andere Länder erobern wurde Eltern und Erziehern als natürliche Eigenschaften nahegebracht, die der Jugend im Blut liege. Der Überfall auf andere Länder wurde als eine natürliche Folge der Überlegenheit der Deutschen gerechtfertigt. «Im Kampf sich zu behaupten, ist die ewige Anforderung, die das Leben an jedes Wesen unausweichlich stellt … Wenn überhaupt jemals, so hat heute die frühzeitige wahrhaftige Ertüchtigung der Jungen eine tiefe Notwendigkeit und Sinn und das Wehrspielzeug eine bedeutsame Aufgabe. Im Wehrspielzeug tritt besonders deutlich eine politische Bedeutung hervor, die jedoch jedem Spielzeug als einem weitest wirksamen Volkserziehungsmittel überhaupt zukommt», hieß es in der «Deutschen Spielwarenzeitung». Im Rollenspiel mit Gewehren, Säbeln und Uniform sollten die Kinder organisiertes, diszipliniertes Handeln als Vorform militärischer Übungen kennenlernen.

«Sind Pistolen erlaubt?»

Nach dem Zweiten Weltkrieg waren Soldaten als Spielzeug erst mal tabu, mit Krieg und Militär wollte so schnell niemand mehr etwas zu tun haben. Als zu Beginn der 50er Jahre wieder militärische Miniaturen zu kaufen waren und auf der Nürnberger Spielwarenmesse ein Atomzertrümmerungsspielzeug vorgestellt wurde, sprach sich sogar der Deutsche Bundestag gegen Kriegsspielzeug aus.

Verglichen mit vielen anderen Ländern reagieren Eltern und Pädagogen in Deutschland auf Kriegsspielzeug sehr sensibel. Die Verurteilung von Kriegsspielzeug in der Öffentlichkeit übt Druck auf die Spielzeugfirmen aus. Der deutsche Markt gilt als schwierig. Mit dem Erfolg, daß uns viele Geschmacklosigkeiten, wie eine auf der Nürnberger Spielwarenmesse vorgestellte Folterpuppe aus Italien, erspart bleiben. «Spielt Frieden, nicht Krieg» – unter diesem Motto warnen Kinderschutzverbände, Elterninitiativen, Pädagogengruppen und Friedensorganisationen, daß Kriegsspielzeug gewaltfördernd sei. Vielleicht haben Sie als Kind selbst Aktionen miterlebt, bei denen Pistolen und Mini-Panzer gegen Autos und Tierfiguren umgetauscht wurden. Seit Jahrzehnten wird auch das generelle Verkaufsverbot von Kriegsspielzeug diskutiert. Immer wieder gab es entsprechende Anträge im Bundestag dazu.

Alle entsprechenden Initiativen und Debatten scheiterten letztendlich daran, daß es keinen Konsens darüber gibt, was überhaupt Kriegsspielzeug ist und wie die Wirkungen auf Kinder sind. Je mehr die Figuren und Waffen der aktuellen Wirklichkeit entsprechen, desto stärker wird eine Gefährdung von Kindern angenommen. Je weiter sie historisch und kulturell von uns entfernt sind, wie der Zinnsoldat, oder je phantastischer die Dinge sind, die sie darstellen, desto harmloser werden sie eingeschätzt. Ist das aus Lego gebaute Maschinengewehr ein Kriegsspielzeug? Oder ist der in die Luft gehaltene Stock eine Pistole? Ein Messer kann ich zum Schneiden, zum Schnitzen und zum Töten benutzen. Pistolen und Gewehre werden nicht nur im Krieg, sondern auch von gesellschaftlich anerkannten Gruppen wie von der Polizei oder von Jägern benutzt.

Heute findet die öffentliche Debatte um Kriegs- und Gewaltspielzeug eigentlich nur noch vor Weihnachten statt. Nach den Feiertagen ist sie wieder beendet. In Appellen an Eltern und Geschäftswelt verdammen Politiker, Pädagogen und Journalisten Kriegs- und Gewaltspielzeug moralisch. Damit ist ein wunderbarer Effekt erzielt. Es wird etwas im Interesse der Kinder getan, die Verantwortung liegt aber bei den Eltern. Wir brauchen es schließlich nicht zu kaufen, oder?

Spielzeugsoldaten und andere Waffenattrappen sind ein Dauerbrenner auf Kindergarten-Elternabenden geblieben. Oft steht dabei Meinung gegen Meinung, was die schädliche Wirkung angeht. In der Regel setzen sich die Pistolen-Gegnerinnen durch, und Waffen und meist auch anderes kampfbezogenes Spielzeug müssen draußen bleiben. Kaum eine Rolle spielt in den hitzigen Debatten, was Kinder eigentlich so fasziniert und wie sie darüber denken.

«Ich weiß doch, daß es nicht wahr ist» – Kinder und Spielzeugwaffen

Welche Bedeutung Kriegsspielzeug in der Lebenswelt von Grundschulkindern hat, untersuchte die Göttinger Erziehungswissenschaftlerin Gisela Wegener-Spöhring in einer großen wissenschaftlichen Studie. In Gesprächen mit Jungen und Mädchen aus vierten Klassen fragte sie die Kinder nach Spielzeug, mit dem man kämpfen kann. «Man kann mit allem kämpfen», war die verblüffend einfache Antwort der Kinder. Die Kinder nannten als Spielzeuge, mit denen sie häufig Kampf spielen: Pistolen und andere Waffen, wie Messer und Schwerter, männliche Figuren, wie Soldaten, Indianer und Piraten, Weltraumspielzeug, aber auch Playmobil-, Lego-Figuren und Schlümpfe. Mädchen besitzen deutlich weniger dieser Spielwaren. Einige Mädchen berichten von ihrem Wunsch mitzuspielen. Sie werden manchmal in kämpferische Spiele der Jungen einbezogen, dürfen dann aber nur Hilfsrollen einnehmen. Oft schauen sie einfach nur zu. Die Untersuchung schlußfolgert, daß Mädchen unsicher sind, weil es für sie kaum kämpferische weibliche Identifikationsfiguren und Spiele zum Ausleben von Wünschen nach Kampf und Aggressivität gibt. «Dies mag zu kaum ausgelebten und unterdrückten Wünschen, vielleicht auch zu problematischem Spielverhalten führen; die Mädchen sind es, die berichten, der Puppe im Spiel den Arm umzudrehen und Tiere zu quälen: ‹Wenn ich mit meiner Katze spiele, dann hechelt sie so, daß ihr die Luft ausgeht›» (Wegener-Spöhring 1995, S. 245).

Was macht euch Spaß an Kriegsspielzeug, fragten die Untersucherinnen: Spaß machen in erster Linie das Kämpfen und die damit verbundenen Geräusche. Wegener-Spöhring entnimmt den Erzählungen der Kinder, daß es vor allem der typische «Aktivierungszirkel» von Verfolgen – Fangen, Zielen – Treffen / Zerstören, Aufbauen – Zusammenkrachen ist, der als spannend und lustvoll erlebt wird. Gefragt, was denn gegen Kriegsspielzeug spricht, scheinen Viertkläßler die Argumente der Erwachsenen genau zu kennen. «Ich finde Krieg schrecklich, weil dabei viele Menschen sterben müssen», meint ein Kind. Grundschulkinder wissen sehr genau um die Schrecken des Krieges und lehnen diesen total ab. Dies scheint ihren Spaß am Spiel mit Waffen und kämpferischen Figuren aber kaum zu berühren, weil sie ja gar nicht diese Schrecken spielen.

Während besorgte Erwachsene die Nähe zur Realität stört, betonen die Kinder gerade die Distanz zur Realität. Die meisten Kinder wissen, daß ihre Eltern Kriegsspielzeug ablehnen, sie kennen aber kaum einsichtige Gründe dafür. Zusammenfassend stellt Wegener-Spöhring fest, «daß die Kinder am Spiel mit Kriegsspielzeug längst nicht soviel auszusetzen haben wie die Erwachsenen. Die Kinder kritisieren überwiegend den Krieg, also die Realität der Erwachsenen, und nicht so sehr das Spielzeug» (Wegener-Spöhring 1995, S. 253).

Warum sich Schädlichkeit nicht beweisen läßt

Auf Elternabenden stehen häufig folgende Meinungen zu Kriegs- und Gewaltspielzeug im Raum:
– «Das Spielzeug ist gefährlich, es fördert Aggressionen.»
– «Damit kann man Aggressionen abreagieren.»
– «Wir überschätzen die Bedeutung von Spielzeug. Es hat gar keine besonderen Wirkungen, sondern gehört nur zu einer vorübergehenden Phase.»

Meistens neigen wir Auffassungen zu, die unserer eigenen Erfahrung entsprechen. Oder haben wir bereits ein Vor-Urteil und interpretieren unsere Erfahrung dann auf diesem Hintergrund? Wenn ein Kind häufig aggressiv ist und dann auch noch mit Pistolen spielt, ist für manchen schon ein direkter Ursache-Wirkung-Zusammenhang gegeben.

Es ist ungeheuer schwer, Aussagen über die Wirkungen bestimmter Faktoren auf menschliches Verhalten zu machen, selbst mit wissenschaftlichen Methoden. Das zeigen auch die vielen US-amerikanischen sozialwissenschaftlichen Experimente, die seit den 40er Jahren über die Wirkungen von Spielzeug durchgeführt werden. Ein großer Nachteil: Sie stammen fast immer aus «Laborsituationen», d. h. Kinder und Erwachsene werden nicht in ihrer natürlichen Umgebung im Kindergarten, zu Hause, in der Schule und auf der Straße beobachtet.

Die an diesen Untersuchungen beteiligten Psychologen verglichen z. B. das Spielverhalten in zwei Kindergruppen: Die eine erhielt aggressives Spielzeug wie Panzer, Soldaten, Cowboys und Piraten. Die andere hatte sogenanntes neutrales Spielzeug wie eine Eisenbahn und einen Zirkus. Über einen längeren Zeitraum konnte man beobachten, daß die Kindergruppe mit dem aggressiven Spielzeug sich damit auch aggressive Geschichten oder Rollenspiele ausdachte. Dieses Ergebnis leuchtet einerseits unmittelbar ein. Denn es liegt nahe, daß Spielfiguren und Gegenstände dazu passendes Verhalten auslösen. Kinder kennen ja aus Fernsehen, Werbung und Illustrierten das Umfeld des Waffengebrauchs – etwa Verfolgungsjagden, Kampfszenen, Drohungen, aggressive Gestik und Mimik und können dies oft verblüffend genau nachahmen. Kinder lernen also zunächst gewalttätiges Verhalten zu imitieren. Wirklich alle Kinder gleich?

Dazu lassen die «Laborversuche» sehr viele Fragen offen. Warum spielen Mädchen anders als Jungen mit demselben Spielzeug? Warum wählen sich manche Kinder aus einer Menge Spielzeug die Pistole, andere die Eisenbahn? Und so weiter.

Beobachtbar ist also, daß mit aggressivem Spielzeug ebensolche Szenen gespielt werden, Spielzeug also einen Auslösereiz hat, wie Verhaltensforscher sagen. Nicht beobachtbar ist aber, was im Innern der Kinder vorgeht. Zusammenhänge zwischen dem Spiel und ihren Gedanken und Gefühlen, zu Erlebnissen wie Streit in der Familie oder bestimmten Fernsehsendungen konnten durch diese Art von Studien nicht hergestellt werden.

Eine grundlegende Kritik an den meisten wissenschaftlichen Studien gilt aber der fehlenden Unterscheidung zwischen spielerischer «So-tun-als-ob»-Aggression und realer Aggression. Die mit aggressivem Spielzeug gespielten Kampfszenen hatten eindeutig spielerischen Charakter. Zu Streit, gegenseitigen Angriffen und Verletzungen kam es in der Regel nicht. Mittel- oder langfristige Verhaltensänderungen konnten bisher nicht nachgewiesen werden. Die Behauptung, aggressives Spielzeug fördere reale Aggressivität, läßt sich deshalb nicht belegen.

Was Hänschen nicht lernt ...?

Während eines Elternabends über Spielzeugwaffen in Kinderhand erzählt ein Vater: «Meine Frau und ich sind sehr unsicher, ob wir unserem dreijährigen Sohn das Spiel mit Pistolen untersagen sollen. Ich selbst bin Pazifist und Kriegsdienstverweigerer. Für mich war immer klar, daß ich diese Haltung an meine Kinder weitergeben will. Meinem ältesten Sohn, er wird jetzt vierzehn, haben wir darum von Anfang an Waffen untersagt und ihm gleich erklärt, Waffen töten Menschen in schrecklichen Kriegen. Er hat auch unser Friedens-Engagement mitbekommen. Wir hatten das Gefühl, daß er unsere Vorstellungen übernommen hat. Jetzt erleben wir etwas Erschreckendes. Seit einiger Zeit ist unser Sohn zum Waffensammler geworden. Sein Zimmer sieht mittlerweile aus wie eine Waffenkammer. An den Wänden hängen Modelle und Poster der Bundeswehr. Darüber reden können wir mit ihm nicht. Ich fühle mich ganz hilflos, weil das auch ein Angriff auf mich ist. Wir sind total verunsichert, wie wir uns gegenüber unserem Kleinen verhalten sollen. Haben wir bei dem Großen etwas falsch gemacht? Ich sehe, wie der Kleine von dieser Faszination angesteckt wird, weil er seinen Bruder sehr bewundert.»

Ich fand den Beitrag dieses Vaters mutig. Es ist schwer, eigenes Verhalten vor einer Gruppe in Frage zu stellen. Seine Erfahrung half den anderen Eltern, ihre eigenen Wünsche und Gefühle besser wahrzunehmen.

In unserer Wertigkeit ist die gewaltfreie Lösung von Konflikten sehr wichtig. Die meisten Eltern wollen ihren Kindern diese Haltung von klein auf vermitteln. Immer wieder fragen wir uns, warum bestimmte Absichten bei den Kindern nicht «ankommen», auf Widerstand stoßen oder schlicht ignoriert werden. Der Grund: Jede menschliche Kommunikation hat einen Inhaltsaspekt (die Sache, über die wir reden) und einen Beziehungsaspekt (Wie sind meine Gefühle zu dir im Moment? Was will ich dir noch mitteilen, durch Gestik, Mimik, Tonfall?). «Hör auf, hier rumzuballern. Damit sind schon Millionen Menschen umgebracht worden!» sagt der Vater. Der Sohn hört: Papa wird böse, wenn ich die Pistole habe. Vielleicht mag er mich nicht mehr, wenn ich sie mitbringe. Gehöre ich auch zu den schlechten Menschen, die Krieg wollen, wenn ich damit spiele? Ich habe Angst, wenn Papa das sagt.

Was Krieg bedeuten kann, versteht das kleine Kind nicht. Aber der Ton, mit dem der Vater es sagt, kommt an. Das Kind fühlt, es wäre nicht gut, gegen den Vater zu opponieren. Erwachsene sitzen am längeren Hebel.

In der Pubertät suchen Jugendliche die Auseinandersetzung mit den Eltern, treten heraus aus der emotionalen Bindung und suchen neue Identifikationen für die Erwachsenenrolle. Waffen machen stark, unabhängig und frei. Viele Filme und Hefte, die Jugendliche lesen, glorifizieren Waffen und aggressive Männlichkeit. Jugendliche sehen in der Pubertät ihre Eltern realistischer, kritisieren Lebensstil und Widersprüche zwischen Worten und Taten. Jan «rüstet» sich für die Auseinandersetzung mit dem Vater. Wird der seine Kriegserklärung annehmen? Für den Vater ist Jans Verhalten eine Provokation. Er ist hilflos. Spürt er selbst auch unfriedliche Gefühle wie Zorn, Ärger, Wut darüber, daß sein Sohn sich so verhält?

Einstellungen und Verhalten werden vor allem in den ersten Lebensjahren geprägt. Gilt das auch für die Einstellung zu Gewalt? Interessant fand ich Untersuchungen über die Elternhäuser und Lebensläufe von amerikanischen Kriegsdienstverweigerern und Männern, die sich freiwillig zur Armee bzw. zum Kriegseinsatz in Vietnam gemeldet hatten (vgl. Mantell 1988). Beide Gruppen

schilderten in ausführlichen Interviews ihre Familien. Die Kriegsdienstverweigerer beschrieben den Umgang zu Hause als warm
und liebevoll. Mutter und Vater waren gleichberechtigt. Die Kinder wurden wenig körperlich gestraft. Lob, Einander-Zuhören und
Argumentieren waren die Regel. Unterschiedliche Meinungen
wurden akzeptiert.

Ganz anders die Freiwilligen. Die Familienatmosphäre schilderten sie als kalt, unfreundlich und aggressiv. Zärtlichkeit zwischen
Eheleuten und Eltern und Kindern waren selten und wurden bei
den Männern eher als Schwäche angesehen. Die Familienstruktur
war hierarchisch. Ein Elternteil, meist der Vater, dominierte, die
Kinder gehorchten. Körperliche Strafen, Drohungen und Schimpfen standen in der Erziehung im Vordergrund. Die Eltern ver-
mittelten Werte wie Ordnung, Sauberkeit, Gehorsam. Die Untersuchung kommt zu dem Schluß, daß die Familienatmosphäre
entscheidenden Einfluß auf die Ablehnung oder Befürwortung von
Gewalt hat.

Sie mögen die Schlußfolgerungen dieser Untersuchung für
übertrieben halten. Ich kenne Männer, die aus sehr autoritären Familien kommen und sich ganz anders entwickelt haben als ihre Väter. Meine eigenen Überzeugungen und Wertvorstellungen unterscheiden sich in vielem von denen meiner Eltern und sind zum Teil
entgegengesetzt.

Zwar sind Herkunftsfamilie und Erziehung kein unabänder-
liches Schicksal. Jeder Mensch kann selbstverantwortlich denken,
fühlen und handeln. In der Familie werden jedoch Weichen gestellt, die eine spätere Entwicklung in die eine Richtung erleichtern
und in eine andere Richtung erschweren.

Gewalt entsteht aus Angst

Gewalttätiges Handeln ist immer der Versuch, überlegen zu sein.
Gewalt entsteht auch aus Angst, unterlegen zu sein. Gewalt ist
schließlich auch oft Vergeltung für frühere Verletzungen – und

Eltern können ihre Kinder tief verletzen. Früher nannte man das «den Willen brechen». «Ich will», ist zunächst Ausdruck kindlichen Selbst-Bewußtseins. Es wird durch Angst vor Strafe gebrochen. Gehorsam ordnet sich das Kind der elterlichen Autorität unter. Wenn es erwachsen ist, wird es möglicherweise den Spieß umdrehen. «Wer immer gehorchen mußte, will auch mal befehlen», meint der Aggressionsforscher Friedrich Hacker. Manche erwachsen gewordenen Kinder gehorchen allerdings ihr Leben lang. «Was werden die Leute dazu sagen?» Und «Man kann ja doch nichts machen!», sind ihre Grundüberzeugungen. Die Angst, sich querzulegen, anzuecken, abgelehnt zu werden, sitzt tief.

Meine eigene Haltung zu Krieg, Militär und Waffen ist geprägt durch die Auseinandersetzung mit dem Nationalsozialismus und dem von Deutschland ausgelösten Zweiten Weltkrieg. Sprachlosigkeit, Verdrängung und Verharmlosung der Erwachsenen

Der «Krieg der Sterne» wird schon seit Jahren auf dem Medien- und Spielzeugmarkt ausgetragen

empörten mich als Jugendliche. Ich empfand Schuldgefühle und die moralische Verpflichtung, gerade ich als Deutsche müsse mich dafür einsetzen, daß es keinen Krieg mehr gebe. Selbstverständlich war ich in der Friedensbewegung der 70er und 80er Jahre dabei. Ich wollte es besser und anders machen als meine Eltern. Als Kind und Jugendliche haben mich gerade Menschen fasziniert, die mir nicht als Pädagogen irgend etwas vermitteln wollten, sondern selbstbewußt lebten, auch quer zur Gesellschaft. Meine frühere zornige Frage: «Mama, Papa, warum habt ihr nicht nein gesagt zum Krieg?» darf aber heute nicht erstarren zu einem Moralkodex für mein Kind. Anständig leben – diesen Anspruch kann nur jeder für sich selbst einlösen. Unsere Kinder müssen ihre eigenen Zugänge und Standpunkte zu Gewalt, Krieg und Militär finden.

Noch einmal zurück zu den Befürchtungen des Vaters am Beginn des Kapitels. Ich bin nicht der Meinung, daß die Verbesserung gesellschaftlicher Verhältnisse vorrangig durch Erziehung zu leisten ist. Das Leben mit Kindern hat seine Qualität immer nur in der Gegenwart, im aktuellen Umgang mit Freude, Angst, Wut. Was später ist, werden und können Kinder allein entscheiden, wenn sie groß sind. Sie werden dann aber sicher nicht unsere Träume, sondern ihre eigenen verwirklichen, sofern wir ihnen Raum lassen, diese entstehen zu lassen.

Spielzeug ist Abbild unserer Kultur

Spielzeug stellt Kindern die Welt der Erwachsenen vor. Selbstverständlich nehmen wir an, daß Kinder durch das Spiel im Kaufmannsladen aufs Einkaufen vorbereitet werden, und es nützlich ist, Handlungen zu wiederholen, die sie an der Ladenkasse mit uns beobachtet haben. Nahezu alle gesellschaftlichen Bereiche werden als Spielzeug verkleinert verkauft, damit Kinder spielend die Welt der Großen kennenlernen.

Minipanzer und waffenstarrende Action-Sets zeigen ebenfalls

einen Ausschnitt aus der großen Welt. Klaus Theweleit beschreibt Krieg als «Männerphantasie», als männliche Kriegs-Lust am Töten und Kämpfen (vgl. Theweleit 1980). Ich denke, es macht «Sinn», daß auch in Action-Teams Männerfreundschaften über gefahrvolle Abenteuer in hierarchisch aufgebauten Gruppen entstehen.

Kinder wissen von diesen Parallelen zu Politik und Gesellschaft meist noch nichts. Sie finden zum Ausdruck ihrer feindseligen Gefühle aber Gegenstände, Symbole, Zeichen vor, die in der Welt der Erwachsenen besetzt sind mit politischen Inhalten und Feindbildern. Krieg findet so Eingang in die «subjektive Welt» des Kindes, in sein eigenes Erleben, Fühlen, Träumen und Phantasieren. Krieg ist somit als zwar schlechteste, aber denkbare Lösung von Konflikten immer vorhanden.

Einerseits verurteilen wir Erwachsenen Krieg, andererseits haben militärische Aktionen im Namen von Freiheit und Gerechtigkeit eine hohe öffentliche Akzeptanz. Genau wie bei den Kleinen heißt es: Kämpfen für einen guten Zweck und gegen das Böse ist in Ordnung; Pazifisten sind eher eine Minderheit weltfremder Spinner. Gewalt und Gewaltsymbole sind Teil unserer Alltagskultur, ob in Spielzeug, in Kriegsfilmen, Video- und Computerspielen, Bundeswehr-Werbung bis zum Military-Look der Mode.

Diesen dunklen, grausamen Teil unserer Kultur verdrängen und verharmlosen wir gerne, etwa wenn beim Tag der offenen Tür der Bundeswehr Spaß im Mittelpunkt steht oder es in der Bomberkanzel nur um Geschicklichkeit und moderne Technik geht.

Kinder verarbeiten diese Eindrücke sehr verschieden. Wenn sie ihren Alltag als dauernden Kleinkrieg erleben, sind sie auch als Jugendliche und Erwachsene eher von aggressiven Leitbildern fasziniert. Böse, gewalttätige Phantasien hat jeder, behaupte ich. Sie sind die Reaktion auf Kränkungen und Verletzungen. Für Kinder ist Spiel die Ebene ihres symbolischen Umgangs damit. Jugendliche und Erwachsene haben andere Formen. Ich schrieb mir als Siebzehnjährige meinen ohnmächtigen Haß auf einen Lehrer in einem Tagebuch von der Seele, dort erfand ich Geschichten, in denen ich ihn tötete. Niemand erfuhr davon – vielleicht ist diese nach innen gewandte Haltung ein typisches Beispiel weiblicher Aggressionsverarbeitung. Zwanzig Jahre nach Schulabschluß erzählten wir Schulfreundinnen uns davon und stellten fest, daß viele ähnliche Phantasien hatten, manche allerdings als Träume. Denn auch Träume drücken Angst, Wut und Zorn in gewalttätigen Szenarien aus.

Gewaltphantasien sind gesellschaftlich tabuisiert

Gewalt spielt zum Beispiel in Film und Fernsehen eine große Rolle. Nicht nur zur Unterhaltung und Entspannung. In Krimis, Action- und Horrorfilmen können Zuschauer Rache- und Vergeltungsphantasien ausleben. Sie dürfen sich mit dem Bösen identifizieren. Wir sehen zu, wie der Gute im Namen der gerechten Sache schießt und mordet, Gesetze übertritt, Amts- und Autoritätspersonen beiseite schiebt. Man ist nicht von Gesetzen, Vorschriften und den Regeln des guten Benehmens eingeengt, sondern stark und frei.

Wir kennen die Umsatzzahlen für Horror- und Action-Videos, der sogenannten Revolverblätter und fragen uns angesichts der Teilnahme von Millionen Fernsehzuschauern an blutigen Geiseldramen: Ist das moralisch zulässig? Doch da der Konsum von Gewaltphantasien im privaten Bereich stattfindet, ermöglicht er damit die öffentliche Verurteilung: Es sind ja nur die anderen, die Gefallen und Lust daran finden. Kinder gewinnen durch die Argumente Erwachsener den Eindruck, Gewaltphantasien seien verwerflich, gleichzeitig nehmen sie aber gerade auch in Medien für Erwachsene großen Raum ein. Mediengewalt wird keineswegs nur von einer Minderheit «kranker» Menschen konsumiert, während alle anderen gesund, d.h. gewaltfrei, sind. Erst wenn wir bereit sind zu erkennen, daß wir gleichzeitig gut und böse sind, daß wir gleichzeitig lieben und hassen, können wir uns diesen Konflikten stellen.

Action- und Fantasy-Spielzeug

Science-fiction- und Fantasy-Stoffe haben traditionelles Kriegs-spielzeug abgelöst. Cowboys und Indianer, die in der Sozialisation der Kinder der 60er und 70er Jahre durch Fernsehserien wie Bo-nanza und Shiloh-Ranch noch eine große Rolle spielten, verlieren ihre frühere Bedeutung und sind heute vorwiegend im Kinderkar-neval zu finden. Abenteuer, Spannung und Action haben andere Themen: Ein Comander befreit in einer waghalsigen Aktion Gei-seln, ein unerschrockenes (Männer-)Team jagt ein Umwelt-Mon-ster, Helden mit Superkräften, Superwaffen und Superfahrzeugen jagen Verbrecher.

Übrigens: Die ersten Fantasy- und Science-fiction-Helden, wie Fulgor, Sigurd und Superman, stammen schon aus den zwanziger Jahren. Zum Grausen unserer Eltern und Lehrer verschlangen wir die Comics-Heftchen, mußten aber damals noch ohne Action-Spielfiguren auskommen.

Die Faszination der Technik

Spielzeug war immer Spiegel seiner Zeit. Früher zeigte es Kindern die Gegenwart und Vergangenheit des realen Krieges. Heute sind es Schreckensbilder zukünftiger Welten. Soldatische Tugenden wie Gehorsam, Pflichterfüllung, Disziplin galten früher auch im zivi-len Leben. Heute ist der Untertan nicht mehr gefragt. Selbst die Bundeswehr stellt Abenteuer, Teamgeist, Sport und Technik-Faszi-nation in den Mittelpunkt ihrer Werbung.

Viele Frauen und Mütter fühlen sich von den muskulösen Kör-pern, der übertrieben aggressiven Männlichkeit abgestoßen. Sie assoziieren damit Rambo, Bodybuilding und «Muskeln statt Hirn». Gerade wegen der Ähnlichkeit der Spielzeughelden mit den Helden der Kriegs- und Action-Filme für Erwachsene lehnen die meisten Eltern sie als nicht kindgemäß ab. Sie befürchten, bei den Kindern könnten Vorlieben entstehen, die sich später im Medienkonsum blutrünstiger Videos fortsetzen. Aber den Kindern ist ihre Faszination nicht auszureden. Auch wenn Eltern sagen: «Das kommt mir nicht ins Haus», finden sie Wege, um mit Action- und Fantasy-Figuren zu spielen. Es gibt ja noch Nachbarsjungen, die einen mitspielen lassen, und ein Geschenk von Oma darf man doch schließlich annehmen - oder?

Science-fiction-Spielwaren brachten Geräusch-, Licht- und Bewegungs-Effekte ins Kinderzimmer. Die Elektronik beeinflußt und verändert Spielabläufe und Handlungsmöglichkeiten der Kinder. Die Aktivität verlagert sich vom Kind auf das Spielzeug. Das Kind ist staunender Zuschauer. Zeit- und Bewegungsrhythmen des Spielzeugs sind durch Batterien und Microchips vorgegeben. Optische und akustische Reize bauen kurzzeitige Spannung auf. Ist die abgeklungen, entsteht der Impuls zur Wiederholung: «Noch mal!»

Ähnlich wie in der technischen Welt der Großen ist auch beim Spielzeug oft nicht mehr durchschaubar, wie und warum etwas funktioniert. Fängt man an, das Spielzeug zu untersuchen, geht es kaputt. Darüber hinaus verschleißen die batteriebetriebenen und elektronischen Spielwaren – als Produkte für den kurzen Gebrauch gedacht – sowieso schnell.

Die Art zu spielen hat sich weitgehend verändert: von der Bande zum einzelnen Kind, von der Wirklichkeit zur Medien-Wirklichkeit, vom Agieren zum Re-Agieren und Anschauen der Effekte. Kinder werden zum knöpfchendrückenden Bedienungspersonal.

«Am besten ist das Aufbauen!» – Wie Kinder mit Action-Figuren spielen

«Fürs Aufbauen brauchen sie eine Stunde, und dann spielen sie nur eine halbe Stunde damit.» Frau B., Mutter eines fünf- und eines sechsjährigen Sohnes, sieht darin ein krasses Mißverhältnis. Sie beschreibt, wie das Spielritual abläuft.

«Wenn sie Lust haben, mit ihren Figuren zu spielen, rufen sie

Am meisten Spaß macht das Aufbauen der Monsterfiguren

meistens einen Freund an, der hier in der Straße wohnt. Der hat viele Figuren, die sie nicht haben. Wenn er kommen kann, wird verabredet: ‹Bring noch das mit und das!› Und dann schütten sie alles auf den Teppich. Meine beschäftigen sich meist mit den Figuren, die sie nicht haben. Sie reden über das Besondere von den Figuren, zum Bcispicl über eine, die stinkt, und das finden sie witzig. Dann werden die Burgen zusammengesetzt und die Fahrzeuge. Zwischendurch schauen sie sich auch mal Hefte an und zeigen sich, was sie haben oder sich noch wünschen.»

Frau B. findet nicht, daß ihre Kinder mit Action-Figuren aggressiver spielen. «Ja, schon, daß sie so komische Geräusche machen, Überfall spielen. Das sehen sie ja auch in den Filmen. Aber sie streiten sich dabei nie.»

Auspacken und Aufstellen sind bereits wichtiger Teil der Spielhandlung mit Action-Figuren. Dabei entwickeln die Kinder allerdings noch kein eigenes Spiel, sondern rufen sich eher ins Gedächtnis zurück, wie die Figuren auf der Verpackung angepriesen

115

wurden. Die Festlegung jeder Figur auf eine bestimmte Funktion und die Hervorhebung der Super-Effekte erschweren den vielfältigen Umgang und regen zur Wiederholung des Immergleichen an.

Aufwendige Verpackungen mit futuristischen Science-fiction-Welten versprechen in der Regel mehr, als der Inhalt hält. Oft sind Kinder enttäuscht, wenn sie mühevoll die Burgen zusammengebaut haben, diese aber nicht so grandios wirken wie auf der Verpackung. Ein Gutes kann in einer solchen Situation aber passieren: Vielleicht wird ihnen klar, daß man sich die Welt eben selbst schaffen muß, und sie merken, daß ein selbstgebautes Fantasy-Schloß viel phantastischer sein kann als ein vorgegebenes Modell, weil es mit eigener Vorstellungskraft besetzt ist. Trotzdem bleibt der Widerspruch, daß man sich vom vorgefertigten Bild entfernt hat. Und alle anderen Kinder das «richtige» Schloß besitzen.

Macht Actionspielzeug Kinder aggressiv?

… fragen Eltern besorgt. Die Antwort kann nur nein lauten, denn solche Pauschalurteile lassen sich wissenschaftlich nicht belegen.

In Untersuchungen des Spielpädagogen Jürgen Fritz an der Fachhochschule Köln wurden Kinder in Familien, Kindergärten und Horten beim Spiel mit Action-Figuren beobachtet (vgl. Fritz 1989). Die beobachteten Kinder spielten mit den Figuren überwiegend Kampfszenen. Das Spiel war wesentlich einförmiger und die Szenen kürzer als beim Spiel mit anderem Aufstell-Spielzeug (wie Playmobil oder Lego). Der in Spielzeugprospekten und Informationsbroschüren hervorgerufene Eindruck, Kinder würden mit Action-Spielzeug stundenlang in eine Phantasiewelt eintauchen, stimmt also so nicht.

Trotz der Vorgabe von Handlungen in den mitgelieferten Heftchen und Kassetten waren die Spielinhalte nicht bei allen Kindern gleich. Beispielsweise spielten Achtjährige die Rettung weiblicher Figuren vor männlichen Angriffen, ein Thema, das für Jüngere noch nicht «dran» ist.

Kinder inszenierten mit diesem Rollenspielzeug vorzugsweise Szenen, in denen es um Machtausübung geht. Vorgegebene Handlungen vermischten sich mit der Darstellung eigener Wünsche und Ängste. Es kam aber auch vor, daß die Kinder sich von der kämpferischen Spielvorgabe lösen konnten und Familienszenen spielten. Das war eher bei Kindern der Fall, die keinen Zugang zu den Begleitmedien Video, Kassette und Kabelfernsehen hatten.

Unumstritten ist für alle Wissenschaftler heute, daß die meisten Kinder mit den Figuren Kämpfe simulieren. Wer Kinder dabei beobachtet, stellt fest, daß sie bei diesen Kämpfen vor allem sich selbst spielen. Kinder, die auch bei friedlichen Spielen dominieren wollen, schnell in Wut geraten und andere angreifen, verhalten sich hier ebenso. Kinder, die kooperativ und rücksichtsvoll spielen, bringen diese Fähigkeiten auch in das Spiel mit den Action-Figuren ein.

Kinder brauchen Monster!

In einem Gespräch mit dem berühmten Kindertherapeuten Bruno Bettelheim (FR, 13. 10. 1987) fragten die Interviewer, ob Kinder nicht nur Märchen brauchten, sondern auch Monster. Bettelheim antwortete: «Ja, sie brauchen sie, weil sie ja selbst diese Ängste haben, und die werden dann externalisiert. Wenn man ein Bild davon hat, ist das weniger schreckenserregend, als wenn man kein Bild davon hat. Alles, was man beschreiben und benennen kann, wird dadurch in den eigenen Machtbereich einbezogen. Aber wenn man es nicht benennen kann, kann man es nicht bewältigen.» Daß gerade die Kinder in den USA so viele Monster «brauchen», begründet Bettelheim so: «Weil wir hier auch so viele Monster auf dem TV usw. haben. Und diese Spielmonster können sie kontrollieren.»

Bettelheim macht also einen Unterschied zwischen den Monstern im Fernsehen und denen, mit denen die Kinder spielen. «... einen Unterschied zwischen den Monstern, die einen überwältigen, und denen, die man selbst bewältigen kann.» Bettelheim hatte auf die Mediengebundenheit des Action-Spielzeugs hingewiesen. Im Verhältnis zum Fernsehen ermöglicht es Kindern einen aktiven, «selbstbestimmten» Gebrauch. Er betont aber im gleichen Interview, daß das Spiel mit Monster-Figuren nicht die Sicherheit ersetze, die Kinder in der emotionalen Beziehung zu Erwachsenen erfahren können.

Wissenschaftliche Meinungen

Pädagogen und Psychologen nehmen teilweise entgegengesetzte Haltungen zu gewaltbezogenem Action-Spielzeug ein. Während die einen die inhaltliche «Botschaft», die im Spielzeug symbolisierten Inhalte, betrachten, argumentieren die anderen, wie Bettelheim, mit der Lebens- und Gefühlswelt der Kinder heute.

Die inhaltliche Betrachtungsweise

Ihre ablehnende Haltung begründen Pädagogen damit, daß in den Action-Sets eine Welt von Gut und Böse ohne Zwischentöne gezeigt werde. Die Figuren verkörperten überholte Feindbilder und Rollenklischees, die Geschichten propagierten ethisch fragwürdige Positionen zu Macht und Gewalt. Die detaillierten Vorgaben und Festlegungen der Rollen und das umfangreiche Zubehör behinderten die Phantasie und Eigentätigkeit der Kinder.

Die Betrachtung der kindlichen Lebenswelt

Insbesondere Vertreter einer psychoanalytisch orientierten Pädagogik (vgl. Büttner 1988) halten dem entgegen, Kinder seien keine passiven Wesen, Umgang und Wirkungen deshalb sehr unterschiedlich, je nach Lebenssituationen. Sie weisen darauf hin, daß Kinder im Action-Spielzeug wie auch in anderen Spielwaffen ein Medium sehen, mit dem sie eigene Ohnmachtserfahrungen und Machtphantasien in Szene setzen können. Die Aggression komme also nicht aus dem Spielzeug, sondern sei bereits im Alltag vorhanden.

Der eigene Alltag ist Modell

Action-Figuren zeigen Kindern auf jeden Fall ein Modell für gewalttätiges Verhalten. An anderer Stelle habe ich über Forschungen zum Imitationslernen berichtet (vgl. S. 37 ff.). Übertragen auf den Umgang mit Action-Figuren heißt das, die Spielvorlagen sind dann als Modell wirksam, wenn Kinder ihren Alltag darin wiedererkennen können. Werden Konflikte zu Hause vorwiegend mit Macht und Gewalt gelöst, kann das Spiel verstärkend wirken. Dann befreien sich die Kinder im Spiel zwar kurzzeitig von Spannungen, bleiben aber in gewalttätigen Rollenvorgaben gefangen. Die Faszination, die Gewalt auf Kinder ausübt, kann nur durch Erlebnisse gewaltfreier Emotionalität, Zärtlichkeit und Bindung abgeschwächt werden.

Gewalt gibt's doch auch im Märchen

Immer wieder hat Bettelheim darauf hingewiesen, wie bedrohlich und ängstigend die Welt für Kinder ist und wie sie zum Beispiel in Märchen ihre Ängste mit den Märchenhelden durchleben können – immer in der Gewißheit, daß alles zu einem guten Ende führen wird.

Märchen seien doch viel blutrünstiger, lautet ein Argument für Fantasy-Spielzeug. Viele Spielzeughersteller bezeichnen ihre Action-Sets als moderne Märchen. Tatsächlich finden sich Motive, Figuren und Symbole aus Märchen und Sagen darin wieder. Dennoch gibt es Unterschiede. In Märchen siegen oft die zunächst Schwachen, Kleinen, Verkannten und von der Umwelt Gedemütigten gegen das Böse. Gerade Kinder identifizieren sich damit. Familiäre Konflikte machen eine weitere Faszination des Märchens aus: Eltern verlassen oder verraten ihre Kinder; Geschwister kämpfen um die Gunst der Eltern; um erwachsen zu werden, müssen Mutproben und Prüfungen bestanden werden.

Die glühenden Pantoffeln, abgeschlagenen Köpfe, Menschenfresser und Giftmorde zeugen von der Spur der Gewalt, die sich durch Jahrtausende menschlicher Geschichte zieht. Dennoch ist die Botschaft des Märchens nicht «Schlag zu!» oder «Der Zweck heiligt die Mittel». Märchen sind tief moralische Geschichten, die positive Werte vermitteln.

Hefte und Kassetten zu Fantasy-Spiel-Sets sind dagegen meist nach dem gleichen Schema aufgebaut.

1. Die Guten werden angegriffen. Die Gründe bleiben im dunkeln. Was wir über die Motive erfahren, zeigt keine existentiellen Konflikte, sondern ist eher alltäglicher Kleinkrieg: jemanden ärgern, hereinlegen, schlechtmachen, ihm eine Falle stellen und die Schadenfreude genießen. Mit primitiven Stilmitteln wird Spannung erzeugt.

2. Der Konflikt spitzt sich zu und entlädt sich dann in ausufernden Kämpfen. Selbstverständlich siegt nach allerlei spannenden Momenten der Held der Guten, aber dieser Sieg ist nicht Schwerpunkt der Geschichte. Denn dabei sind alle Mittel erlaubt für die gute Sache, der Kampf Mann gegen Mann wird breit ausgewalzt.

3. «Und wenn sie nicht gestorben sind …», heißt es nur im Märchen. Kommerzielle Geschichten müssen weitergehen: «Fortsetzung folgt» heißt es dann – in einer neuen Folge warten neue Gemeinheiten der Bösen.

Was ist Wirklichkeit?

Frau B. sähe es lieber, wenn ihre Jungen mit Playmobil und Lego spielten. Realistische Figuren, die ein Krankenhaus oder einen Bauernhof darstellen, entsprechen eher dem Anspruch Erwachsener an «sinnvolles Spiel» als das Superweibchen Barbie oder die vor Männlichkeit strotzenden Action-Helden.

Vordergründig haben die Fantasy-Helden mit der irdischen Wirklichkeit nichts zu tun. Ich meine aber, Phantasien und Träume gehören auch zur Wirklichkeit, wir erleben und fühlen sie ja körperlich als angenehm oder unangenehm. In Phantasien und

Träumen verarbeitet unsere Psyche Konflikte und Wünsche in symbolischer Form. In der Werbung – für Kinder und Erwachsene – beispielsweise sind Märchenmotive, Science-fiction und Fantasy Teil eines sehr realen Geschäfts: Staubsauger machen sich selbständig, Waschmaschinen können sprechen, Bonbons fliegen von selbst in den Mund, Falten verschwinden vor dem Spiegel, der Märchenprinz steigt aus dem Superauto. Mythen vom Zaubertrank und Jungbrunnen sowie Märchenmotive, wie Aschenputtel, Tischlein-deck-dich und Dornröschen, finden sich in moderner Form in der Werbung wieder und rühren an verborgene Sehnsüchte.

Für die weltweit erfolgreichste Zigarettenmarke wirbt ein Cowboy. Als Symbol kerniger Männlichkeit reitet er durch autoverstopfte Citys. Ist dieser Teil unserer erwachsenen Wirklichkeit etwa ‹kindisch›?

Kinder sind überrascht, wenn sie hören, daß auch wir Wunschträume haben, daß auch wir Wut und Haß empfinden und daß auch wir manchmal unangenehme Ereignisse am liebsten in einer Zeit-

Überall blinkt und rattert es: Dort eine Leuchtreklame, hier ein Spielautomat

maschine überspringen würden. Probieren Sie mal, mit Kindern gemeinsam zu hexen und zu zaubern und die Wirklichkeit nach ihren Phantasien zu ändern! Im Spieleteil dieses Buches finden Sie einige Anregungen dazu.

Kinder lieben Eindeutigkeiten. Ist der gut oder böse? Diese Frage bringt uns manchmal ganz schön durcheinander, möchten wir doch so gern zu differenziertem Urteilen erziehen. Dennoch ist im Kleinkindalter dieses Schwarzweißdenken vorhanden. Der Kampf von Gut und Böse wird im Rollenspiel lustvoll durchgestaltet, das Gute muß dabei immer siegen.

Wenn wir akzeptieren können, daß das Kind nicht immer lieb und gut sein muß, sondern auch böse sein darf, wird es mit der Zeit genauso differenziert wahrnehmen: Jeder ist mal gut, mal böse.

Es wird dann immer weniger fehlerlose Eltern und grandiose Vorbilder brauchen, um daraus eigene Stärke zu ziehen. Das gilt übrigens für alle heldenhaften Vorbilder, auch für solche wie Pippi Langstrumpf.

Action, Action! – Ein ganz normaler Tagesablauf

Sieben Uhr. Aufstehen, Kaffeemaschine einschalten, Radio an. «Guten Morgen aus Köln», pfiffige Musik, dazwischen Kurznachrichten, Neues vom Tage. Ich verstehe nur Wortfetzen, «… riß der nächtliche Orkan …», «Gipfeltreffen …», «Massenkarambolage im Nebel …».

Die Kinder fahren zur Schule. Im Bus ein Automat, der macht piep-piep, wenn sie ihre Fahrkarte einschieben. Einige Kinder mit Walkman. Neu im Bus ist eine Leuchtschrifttafel mit wechselnden Anzeigentexten. Der Bus ist außen bunt bemalt, innen beklebt mit Werbung.

Die Küche zu Hause ist ein Action-Center für Kinder, nur leider dürfen die meisten Knöpfe nicht ausprobiert werden. Außer Herd, Waschmaschine und Geschirrspüler sind sechs weitere elektrische Geräte in der Küche. Knopfdruck – und zwei Quirle drehen sich. Knopfdruck – und weiches Brot wird braun und knusprig. Für Kinder ist das eine Wunderwelt. Und alles geht so schnell, so leicht wie mit dem Zauberstab (der auch tatsächlich als Küchengerät gleichen Namens in der Schublade liegt). Aus dem Anrufbeantworter kommt eine fremde – oder sogar Papas – Stimme, das Faxgerät kann die lustige Zeichnung der Freundin in Minutenschnelle schicken. Fast ständig laufen irgendwelche Maschinen, wir Erwachsenen haben uns daran gewöhnt. Wie es wohl für ein Kind sein mag, das alles neu erlebt?

Maschinen und technische Geräte unterbrechen Handlungen. «Augenblick, das Telefon klingelt», «Ich glaube, der Kaffee ist jetzt durchgelaufen», mit einem langgezogenen Surrton meldet sich der Eierkocher.

Nachmittags einkaufen. Der Supermarkt muß ein einziger Sinnes-Garten für Kinderaugen, -ohren, -nasen und -hände sein. Sanfte Musik, dazwischen die Stimme aus dem All, «Meine sehr verehrte Kundschaft, heute erhalten Sie besonders preiswert …» Merkwürdig verzerrt ist die Stimme, die sich auf uns legt. Knallbunte Regale, Neonfarben, bunte Bilder, dazwischen als Kaufanreiz noch Comic-Figuren, überlebensgroß. Großen Spaß macht das Abwiegen von Obst. Das Kind tippt auf ein Apfelbild, und aus einem Schlitz kommt ein Preisschild. Sitzt da einer und schiebt? Dann darf man das Schild auf die Plastiktüte kleben. Im Kaufhaus gibt es noch viele andere interessante Dinge. Ein riesiger Backofen, in dem stündlich Brötchen gebacken werden, der Duft durchströmt den Laden. Eine Papp-Puppe, die mechanisch ihre Hand mit einem Teilchen zum Mund und wieder weg bewegt und für ein neues Gebäck wirbt.

Zur Entspannung ins Freizeitcenter. Toll, das subtropische Badeparadies. «Mama, sind die echt?» fragt das Kind und untersucht die Pflanzen. Die Wassergrotte aus künstlichem Granitfelsen erinnert sogar etwas an die Monsterburg im Kinderzimmer. Auch hier leise Musik, Geräuschkulisse aus plätschernden Wasserfällen.

Diese Welt der optischen und akustischen Reize, der Schnelligkeit des Schauens und Machens, der beweglichen Dinge prägt unsere Kinder. Action-Spielzeuge fügen sich darin ein. Mit ihnen können Kinder die beschriebenen Tätigkeiten fortsetzen, auf Knopfdruck etwas bewegen, Geräusch- und Lichteffekte auslösen. Die grellbunten Farben bieten optischen Reiz, das Plastik ist scheinnatürlich gestaltet.

Die Gewöhnung an Künstliches, das «echt» aussieht, an Action und an die tollen Effekte bestimmen unsere Freizeitwelt.

Action-Spielzeug gibt es weniger, weil die Kinder es wollen, sondern sie wollen es, weil es ein Produkt unserer Zeit ist, mit den Symbolen, den Farben und der Ästhetik, die sie aus Supermarkt, Werbung, Fernsehen, Freizeit- und Erlebnisparks kennen. Freizeit ist zur Erlebniswelt gestaltet, die wesentlich durch den Medienverbund mitbestimmt wird. Spiel muß auf jeden Fall Spaß machen, darf nicht anstrengend, soll möglichst unterhaltsam und aktionsreich sein. Dies sind die Slogans der Spielwarenfirmen. Die Kriterien der Kinder sind anders. Entdecken, Erforschen, Gestalten ist ernsthaft. Wenn Kinder eine Hütte bauen, arbeiten sie manchmal stundenlang mit großer Anstrengung, und sie sind stolz und zufrieden auf ihre Leistung. Das Angebot des Spielzeugs bietet dagegen bloß Zerstreuung. Ein Automat wird tausendmal aufgezogen und macht piep-piep. Damit läßt sich Zeit totschlagen, befriedigend ist es nicht.

Action-Spielzeug und die Lebenswelt von Kindern

Action-Spielzeug «paßt» zu den heutigen Kindern und ihrer Welt. Die Mischung aus Hektik, Streß und Langeweile macht es so attraktiv.

Wir leben nach dem Diktat der Uhr. Zeit haben, Muße haben – am Wochenende und im Urlaub merken wir, wie ungewohnt es ist, das zu leben und zu genießen.

Kinder nehmen sich noch unendlich viel Zeit – wenn wir sie lassen. Aber es geht schon früh los. «Komm jetzt, bis neun müssen wir im Kindergarten sein.» Nachmittags treffen Eltern oder Kinder Verabredungen. Dann müssen auch oft Zeiten eingehalten werden. Wir müssen spätestens um drei Uhr los, damit es sich noch ‹lohnt›. Und um sechs Uhr wieder weg, damit die Eltern auch noch was vom Abend haben. Für Spontaneität bleibt da wenig Zeit. Wenn die Kinder Lust zum Spielen haben, erfahren sie am Telefon z.B., daß das heute nicht geht, denn Anna hat Reiten. Oder es geht nur für eine Stunde, und dann müssen wir weg. Oft entstehen Restzeiten, eine Viertelstunde, eine halbe Stunde, dann fahren wir, dann kommt Oma. Es ist attraktiv, diese Zeiten mit Kassettenrecorder und Fernsehen zu füllen, damit keine Langeweile entsteht. Action ist heute überall. Und Ruhe, Entspanntheit, Gelassenheit?

Je mehr der tatsächliche Bewegungsraum von Kindern eingeschränkt wird, desto mehr verspricht Action-Spielzeug das Fehlende: Bewegung, Entspannung, Abenteuer.

Spielen im nächsten Jahrtausend

Rrrrrrrr-Zisch-tack-tack-tack—«Hier Comander an Station Terra, wir greifen an ...» Geräusche und Stimmen aus dem Kinderzimmer. Aber Frau B. hört nicht ihren Sohn, nein, der Comander spricht höchstpersönlich. Längst sind die Kinder daran gewöhnt, daß Puppen, Plüschtiere und Action-Figuren, dank eingebauter Micro-Chips, mit ihnen sprechen. Und zwar nicht nur wenige Standardsätze mit quäkender Stimme, wie noch die sprechenden Puppen ihrer Mütter. Die Spielzeuge sind fast so intelligent wie ihre kleinen Benutzer, sie reagieren auf akustische Signale, so daß ein Kind sich mit ihnen unterhalten kann. Wenn Frau B.s Sohn «Stopp, nicht angreifen, Rückkehr zur Erde» ruft, wird sich der Comander in sein Solarmobil begeben und den Rückzug antreten.

Die großen Spielwarenfirmen wetteifern um den Zukunftsmarkt interaktiver Spielzeuge. Fünfzehn Firmen gründeten in den USA die Initiative «Toys of Tomorrow» (Berliner Zeitung, 11. 3. 1998). In den nächsten zehn Jahren wollen sie digitale Spielzeuge entwickeln, die auf optische, thermische und ertastete Reize reagieren und damit Motoren in den Spielzeugen steuern. Die Spielzeuge werden dann in der Lage sein, untereinander zu agieren. Das Kind als kleiner Herrscher über diese Welt wird diese Interaktionen bestimmen und leiten. Die Spielzeuge sind mit einfach zu bedienender Software am Computer programmierbar. Kinder werden also nicht einfach Geschichten aus dem Fernsehen nachspielen, sondern am Computer ihre eigenen Geschichten erfinden und dann ihre Action-Figuren entsprechend programmieren können.

Schon heute ist das Marktsegment Video (Filme und Spiele) der am schnellsten wachsende Bereich des Spielwarenmarktes. Mehr als die Hälfte davon wird an Kinder von vier bis elf Jahren verkauft. Allerdings haben Video- und Computerspiele bei vielen Erwachsenen wegen der Gewaltverherrlichung immer noch ein Schmuddel-Image. Zu Unrecht, denn die Gleichsetzung «Computerspiele = Gewaltspiele» stimmt nicht mehr. Eltern sollten sich deshalb über den boomenden CD-ROM-Markt informieren, der zunehmend mehr anspruchsvolle, gewaltfreie Edutainment-Titel anbietet. Sogar die Hersteller traditioneller Spielzeuge wie Lego und Playmobil, die inzwischen auch digitales Spielzeug anbieten, werben ausdrücklich mit dem Gütesiegel «gewaltfrei».

Wie bei allen technischen Neuerungen stecken positive und negative Potentiale in dieser Entwicklung.

Das Horrorszenario:
Stundenlang hockt ein Dreijähriger allein vor dem Bildschirm und spielt mit virtuellen Spielkameraden Weltraumschlachten. Ab und zu bringt Mami ein paar Vitamin-Kekse. Die Eltern geben es angesichts immer neuer Entwicklungen irgendwann auf, zu kontrollieren, was und wie ihr Sprößling spielt.

Das positive Zukunftsbild:
Drei Freunde treffen sich nachmittags. Sie haben einen Erfinder-Club gegründet, selbstverständlich sind die Club-Ausweise mit dem Grafikprogramm des Computers selbst gestaltet. Sie klicken sich über das Internet in die Kinderseite einer Spielzeugfirma ein. Dort ist ein Wettbewerb für die Konstruktion eines Dinosauriers, und zwar aus Bauteilen der Firma, ausgeschrieben. Die Kinder knobeln gemeinsam an der Aufgabe. Das selbstkonstruierte Spielzeug nehmen sie am nächsten Tag mit in die Schule und zeigen ihren Lehrern und Mitschülern, wie es entstanden ist.

Beide Visionen zeigen: Technik ist nicht «an sich» schlecht oder gut. Schlecht oder gut ist nur die Art und Weise, wie wir sie nutzen. Dies ist bei immer neuen Trends nicht einfach und stellt neue Anforderungen an Eltern und Pädagogen.

So entwickelt sich der Spielwarenmarkt – was Eltern wissen müssen

Spielzeug ist vor allem eine Ware, die sich verkaufen soll. Der Spielwarenmarkt ist längst Teil der weltweiten Unterhaltungsindustrie geworden. In immer schnelleren Zyklen werden neue Produkte auf den Markt geworfen. Typisch ist der Verbund von Filmen, Computerspielen, Figuren und anderem Zubehör. Das wichtigste Werbemedium für die Firmen ist das Fernsehen, so eine Sprecherin der Firma Mattel. Dort bilden die täglichen Filme und Werbespots den größten Kaufanreiz.

Das passende Spielezubehör wird in großen Massen in Billig-Lohn-Ländern produziert und über Spielwaren-Märkte, Supermärkte und Tankstellen an das Kind gebracht. Hat sich ein Trend verbraucht, gibt es eine neue Mode.

Kinder werden heute über die Medien direkt als Konsumenten angesprochen. Die Firmen wissen, daß sie die Kaufentscheidungen von Erwachsenen sehr stark steuern und sich meist mit ihren

Wünschen durchsetzen. Für Action-Figuren ist nachweisbar, daß 90 Prozent der Produkte auf speziellen Wunsch der Kinder gekauft werden und dies direkt von den entsprechenden Fernsehserien beeinflußt wird. Während früher Spielzeug schwerpunktmäßig vor Weihnachten gekauft wurde, ist es den Marktführern mit Unterstützung der Medien gelungen, ein Ganzjahresgeschäft daraus zu machen.

Kinder sind neugierig und unvoreingenommen – und somit die ideale Zielgruppe für immer neue Produkte. Fordernder und durchsetzungsfähiger scheinen dabei die kleinen Jungen zu sein, vielleicht haben Eltern aber auch unterschiedliche Maßstäbe. Jedenfalls fand die Spielwarenbranche in eigenen Marktanalysen heraus, daß Eltern ihren Söhnen mehr und teureres Spielzeug als ihren Töchtern kaufen. «Schon im Babyalter erhalten die Jungen mehr Spielzeug als die Mädchen» (Eurotoys-Studie). Jungen sind auch die Hauptkonsumenten und Käufer auf dem boomenden Video- und Computermarkt. Dies liegt zum Teil sicher auch daran, daß es in den entsprechenden Spielen wenig weibliche Identifikationsfiguren gibt und Mädchen die Machart der Geschichten und Spiele nicht interessiert. Wie dümmlich Hersteller diese Zielgruppe behandeln, zeigen zum Beispiel für Mädchen entwickelte Computerspiele mit Tagebuch und Horoskop.

Die Grenzen zwischen der Kinder- und Erwachsenenwelt sind durchlässig geworden. «Star Wars», Superman, Asterix begeistern die ganze Familie. Wenn neue Science-fiction- und Fantasy-Filme im Kino anlaufen, halten sie wochenlang alle Generationen in ihrem Bann. Spielwarenfirmen sprechen Erwachsene als Sammler an – ursprünglich für Kinder konzipierte Produkte, wie die Barbie-Puppe oder das Überraschungsei, sind längst zum Kultobjekt geworden.

Marketingstrategien aus dem Jugend- und Erwachsenenmarkt werden nun auch auf Kinder ausgedehnt: Spielwarenfirmen wie Playmobil produzieren inzwischen auch Kinderbrillen und Mode.

Ran an die Jüngsten – die Firmen schaffen es. Disney-Filme oder die Sesamstraße waren ursprünglich für Vorschulkinder und Ältere konzipiert, heute gibt es die dazugehörigen Figuren, Plüschtiere und Mobiles bereits für Babys ab drei Monaten. Auch der Markt für Action-Figuren wendet sich an immer jüngere Kinder. Weil der Verkauf bei den über Vierjährigen rückläufig ist, gibt es inzwischen Action-Produktlinien für Zweijährige.

Frühere Pro- und Contra-Debatten über He-Man und Barbie muten heute, angesichts des riesigen Spielwarenangebots mit immer neuen Trends, fast altmodisch an. Familien müssen sich nicht mehr mit einzelnen Figuren auseinandersetzen, sondern eher damit, ob sie sich von solchen Moden dominieren lassen wollen – oder eben nicht.

Kapitel 7
Die Helden der Jungen *(Tim Rohrmann)*

«Machst du eigentlich mal wieder so 'ne Interviews?» fragt mich der achtjährige Sergej unvermittelt. Vor gut zwei Jahren hatte ich ihn und andere Jungen im Rahmen meiner Diplomarbeit über ihre Lieblingshelden befragt. «Eigentlich nicht», antworte ich überrascht. Sergej: «Wieso nicht?» – Ich frage mich, warum ihn das überhaupt interessiert. Es stellt sich heraus, daß er noch einmal interviewt werden *will*: «Jaa!! Ich bin nämlich ein neuer Fan, von den *X-Men*!»

Die *X-Men* kamen 1994 bei uns auf den Markt, eine der vielen Actionserien, die Jahr für Jahr aus Amerika in deutsche Spielzeuggeschäfte und Fernsehkanäle schwappen. Diese Serien sind durchaus nicht alle «gleich». Wenn wir sie einmal mit unvoreingenommenem Blick betrachten, können wir in ihnen gesellschaftliche Trends wiederfinden und Bedürfnisse und Themen von Jungen entdecken. Von *Jungen*, denn obwohl in den Serien und Spielwelten durchaus auch Frauen vorkommen, interessiert sich kaum einmal ein Mädchen dafür. Die aggressiven, actionorientierten Figuren sind Sache der Jungen. Das wird auch in der Vorliebe von Jungen für entsprechende Computerspiele deutlich. Die geschlechtstypischen Unterschiede von Spielzeug spiegeln die Unterschiede wider, die auch in anderen Lebensbereichen zwischen Jungen und Mädchen zu finden sind: Jungenspielzeug fordert mehr zur Eroberung und Gestaltung der Außenwelt auf, Mädchenspielzeug legt eher das Engagement für Beziehungen, Haushalt und Kinderpflege nahe.

Jedes Jahr ein neuer Actionheld

Ein genauerer Blick fördert zutage: Die aktuellen Helden der Actionserien für Jungen wechseln fast jährlich und sind dann «out» – womit die gesamte Ausstattung nutzlos wird. Für Mädchen dagegen ist seit Jahrzehnten und nach wie vor *Barbie* das unangefochtene Leitbild. Sicherlich richtet sich die *Barbie*-Ausstattung nach jährlichen Moden – wie die Frauen, denen sie nachgebildet ist. Ihr Grundcharakter ist dennoch Anpassungsfähigkeit, eine Eigenschaft, mit der es ihr gelungen ist, sich allen gesellschaftlichen Veränderungen zum Trotz in den Kinderzimmern der Mädchen zu behaupten. Sogar eine Fußball-Barbie wurde 1998 vorgestellt, die anläßlich der Frauen-WM 1998 «die Faszination Fußball» schon kleinen Mädchen näherbringen soll (so eine Sprecherin der Herstellerfirma Mattell).

Ganz anders die Jungenhelden: Eine Vielzahl von Figuren konkurriert um die Gunst der Jungen. Obwohl vom Charakter in manchem ähnlich, lösen sie einander in schneller Folge ab und werden nach einer Phase der Popularität langweilig. Mitte der achtziger Jahre eroberten *He-Man* und seine *Masters of the Universe* den deutschen Markt, Anfang der neunziger Jahre kamen die *Turtles*. Nach einer *Dino*-Phase folgten dann die *Power Rangers*. 1996 ging der Verkauf von Aktionspielzeug stark zurück, dafür stieg der Verkauf von Videokassetten an. 1997 kam es mit den Neuauflagen der Science-fiction-Serie *Star Wars* und *Star Trek* zu einem neuen Boom im Actionbereich. Daneben gab und gibt es zahlreiche weitere Serien, die keine marktbeherrschende Bedeutung erlangten. Die nächsten Jahre werden wieder Neues hervorbringen ... die Supermänner scheinen nicht in der Lage zu sein, sich an neue Gegebenheiten anzupassen.

Was sind das für Helden, die Jungen faszinieren?

Im Mittelpunkt der Serien und Spielwelten stehen, neben beeindruckender Technik, die von den Jungen bewunderten Helden. Der Übergang zwischen Actionspielzeug und einem anderen für Jungen zentralen Spielzeugbereich, Autos und Technik, ist fließend. Technik ist «Männersache» – und eine phantasievolle technische Ausstattung zentrales Element vieler Heldenbilder. Manche Figuren können sich in Kampfmaschinen verwandeln, andere verfügen über technische «Zaubermasken», die sie mit Radar, Laser und Energiestrahlen versorgen. Eigentlich Unfug, könnte man sagen, daß solche Technik nur Männersache sein soll. Auch in den Actionserien kommen Frauen vor, die damit umgehen können. Aber in unserem Alltag sind es viel eher Männer, die die Stereoanlage anschließen, das Auto reparieren und Freizeit am Computer verbringen – vom Militär einmal ganz abgesehen. Für Jungen bleibt daher die Verbindung von Technik und Männlichkeit naheliegend.

Früher hießen die Helden «Winnetou» oder «Der letzte Mohikaner»

Andere Helden sind übertrieben gezeichnete Muskelmänner, obwohl auch bei ihnen meist die technische Ausstattung über Sieg oder Niederlage entscheidet. Zu ihnen gehört *He-Man*, lange Zeit Lieblingsheld pädagogischer und psychologischer Analysen. Er ist aber längst durch neue, zum Teil «modernere» Helden ersetzt worden. Wußten Sie, daß bei den vor einigen Jahren besonders umstrittenen *Power Rangers* zwei der fünf Helden Mädchen sind? Die Helden, im «Alltagsleben» eine Clique sympathischer College-Schüler, zeigen neben Kraft, Mut und Geschicklichkeit auch Angst und Unsicherheit. Oder ist Ihnen aufgefallen, daß sich die Helden in den letzten Jahren häufiger mit Umweltkatastrophen auseinandersetzen müssen? Probleme und Veränderungen der Erwachsenenwelt sind in den für Kinder geschaffenen Welten also durchaus wiederzuerkennen.

Die Puppen der Jungen

Im Mittelpunkt vieler Spielwelten stehen die von Jungen geliebten Actionfiguren. Viele Erwachsene können wenig damit anfangen. Sie finden insbesondere die Monsterfiguren aus Plastik blöd, fürchterlich oder abstoßend, manchmal mögen sie sie nicht einmal anfassen. Oft werden mit ihnen nur sinnloser Kampf und Gewalt in Verbindung gebracht.

Geht es Ihnen auch so? Dann mache ich Ihnen einen Vorschlag: Leihen Sie sich ein oder zwei solche Figuren von Jungen aus und beschäftigen Sie sich eine Weile damit, bevor Sie weiterlesen. Vielleicht mögen Sie auch zunächst einmal einen Jungen fragen, was er daran denn eigentlich toll findet oder worin sich sein Lieblingsheld von anderen Figuren unterscheidet.

Betrachten Sie diese Figuren einmal als «Puppen der Jungen» (vgl. Rohrmann & Thoma 1998). In vielerlei Hinsicht übernehmen sie nämlich Funktionen, die Puppen und Stofftiere für Mädchen haben. So können sie Jungen beim Übergang vom Elternhaus in den Kindergarten oder in die Schule Sicherheit geben. Die meisten Jungen verzichten im Laufe der Kindergartenzeit zunehmend auf weiche, kuschelige «Tröster». «Harte» Gegenstände wie kleine Comics, Mini-Computerspiele oder eben Actionfiguren und Waffen können dieselbe Funktion erfüllen. Des öfteren werden Actionpuppen als «Kuscheltiere» mit in den Schlaf genommen, wie die Pädagogin Claudia Ueffing aus dem Kindergarten berichtet: «Vielleicht ist es ja leichter, sich in den Schlaf fallen zu lassen, wenn man von einem starken Wesen beschützt wird» (1995, S. 126).

Actionspielzeug ermöglicht Jungen ein für sie «passendes» Puppenspiel, in dem es oft, aber durchaus nicht nur ums Kämpfen geht. Sie können dabei Männlichkeitsbilder ausprobieren und vor anderen demonstrieren. Daß gerade Frauen darauf mit Ablehnung reagieren, kommt ihnen manchmal gerade recht: Für manche Jungen ist die Abgrenzung von Mädchen, Frauen und allem, was «weiblich» ist, die einzige Möglichkeit, unter Beweis zu stellen, daß sie zum männlichen Geschlecht gehören. Daß auch Angst ein männliches Gesicht hat, daß Männer einmal weinen, zärtlich sein oder sich um Kinder kümmern können, erfahren sie viel zu selten.

Actionfiguren haben für Jungen viele Funktionen

Actionpuppen werden auch dazu eingesetzt, Dinge auszudrücken oder Gefühle zu zeigen, über die Jungen nicht direkt sprechen können oder wollen. Jungen beziehen die Figuren genauso in den Alltag mit ein wie einen Teddybär – vielleicht hat auch der Superheld mal Hunger oder muß sich ausruhen, nachdem er so viel gekämpft oder gefährliche Abenteuer bestanden hat ...

Schließlich stellen Actionpuppen wichtige Besitztümer dar, auf die die Jungen stolz sind. Sie können in den begehrten Superfahrzeugen ausgefahren werden – so, wie Mädchen ihre Puppenkinder ausfahren. Auch das Verhandeln über Tauschgeschäfte als wichtiges Spiel von Jungen gehört hierher.

Die Meinungen von Kindern und Erwachsenen darüber, was «schön» ist, weichen manchmal stark voneinander ab, so daß die einfache Frage: «Was findest du denn an denen so schön?» erstaunliche Ergebnisse bringen kann – wenn sie ernst gemeint ist. Und so widerlich fühlen sie sich auch gar nicht mehr an, wenn mann oder frau sie eine Weile in der Hand halten ...

Die Aufgabe der Helden

Wozu brauchen Jungen Helden? Wir können dies vielleicht im Zusammenhang mit der Suche von Jungen nach Männlichkeit begreifen: Helden verkörpern ein Bild «guter» Männlichkeit, das in unserer Gesellschaft in den letzten Jahrzehnten grundsätzlich in Frage gestellt worden ist. Im Mittelpunkt dieses Helden-Bildes stehen Kampf, körperliche Stärke und / oder die Beherrschung der Technik. Der Actionheld gibt eindeutige Antworten auf die Frage, wozu Männer eigentlich da sind – Antworten, die gerade kleine Jungen in ihrer überwiegend von Frauen bestimmten Lebenswelt oft vergebens suchen. Daß es sich bei diesen Spielwelten um Phantasiewelten handelt, ist in der Regel schon Vierjährigen klar. In ihrer Phantasie können sich Jungen genauso mächtig und unverwundbar fühlen wie ihre Helden – ganz im Gegensatz zum Alltag, in dem sie ständig erfahren, daß sie schwach, verletzlich und von den Entscheidungen der «Großen» abhängig sind. Wenn sie sich beim Toben oder beim Rollenspiel mit ihren Helden identifizieren, können sie zudem sicher sein, auf der moralisch «guten» Seite zu stehen, denn die Helden bekämpfen das Böse, beschützen die Schwachen und retten die gefährdete Welt.

Dennoch sind die Heldenbilder nicht unproblematisch, denn sie verkörpern eine Vorstellung von Mann-Sein, die eigentlich ausgedient hat: Der Stärkste hat das Sagen, Probleme werden mit Gewalt gelöst, und Angst und Schwäche sind tabu.

Bevor wir vorschnell das Spiel der Jungen kritisieren, sollten wir uns fragen, welche Vorstellungen vom Mann-Sein und vom Lösen von Konflikten *wir* unseren Kindern vermitteln wollen. Wie kann ein Junge heute stolz darauf sein, daß er ein Junge ist und einmal ein Mann wird, ohne sofort anzuecken? Und was für Vorschläge haben *wir* für den Umgang mit Gewalt und schwierigen Konflikten?

Der Actionheld bewältigt seine Angst und besiegt das Böse

Dem Helden stehen Schreckbilder bedrohlicher und abgrundtief böser Männlichkeit gegenüber. Auch sie werden personifiziert und tauchen in jeder Serie wieder auf. Schon aus herstellungstechnischen Gründen unterscheiden sich gerade beim Spielzeug die «Guten» und die «Bösen» oft nur geringfügig voneinander, manchmal nur durch ein kleines Abzeichen oder eine kleine Markierung. Das kann verwundern – aber auch in der Erwachsenenwelt sind «Böse» und «Gute» nicht immer so leicht auseinanderzuhalten. Das gilt für Streit in der Familie, aber auch für Gewalt, von der Kinder «nebenbei» aus der Zeitung, dem Fernsehen oder dem Gespräch der Eltern mit den Nachbarn erfahren. Die Pistole des Verbrechers sieht nicht anders aus als die des Polizisten, und in manchen Kriegen der letzten Jahre sind auf beiden Seiten deutsche Waffen im Einsatz. In Kinderserien sind die Seiten klar: Die «Bösen» sind grausam und rücksichtslos und wollen die Welt vernichten oder beherrschen.

Daß viele Comics, Filme und Computerspiele in Weltuntergangsszenarien angesiedelt sind ist kein Zufall. Sie bilden die düsteren Zukunftsperspektiven und unverständlichen Bedrohungen ab, mit denen Kinder heute aufwachsen: eine verseuchte Umwelt, zerstörte Lebensräume und eine Technik, die außer Kontrolle gerät. Oft ist der Held die letzte Hoffnung der Menschheit – er allein hat es in der Hand, ob die Erde gerettet wird oder in Schutt und Asche versinkt. Solche Ängste haben Kinder tatsächlich, und durch das Fernsehen bekommen sie vieles mit, was auch wir als Erwachsene oft nicht verstehen und nur schwer bewältigen können.

In den Actionserien und Spielzeugwelten kommen also allgemeine Ängste und die Sehnsucht nach einfachen Lösungen zum Ausdruck. Sie erfüllen Bedürfnisse, die es schon immer gab – daher geht es in verschiedenen Geschichten «immer wieder um dasselbe». Sie erlauben eine symbolische Bewältigung von Bedrohlichem, denn der böse Feind wird im Spiel besiegt, und anschließend kann das Spielzeug in die Ecke gestellt oder der Fernseher ausgemacht werden. Andererseits spiegeln die Serien auch gesellschaftliche Veränderungen wider – und nicht alle Helden sind gleich. «Manche Helden sind dominant und brutal, andere sind lernbereit und neugierig. Einige scheinen nur gefühllose Kampf-Roboter zu sein; die meisten haben hohe moralische Vorstellungen, und manche haben durchaus auch Spaß am Leben» (Rohrmann 1994, S. 244).

Wie Jungen ihre Helden sehen

Jungen selbst sehen ihre Helden oft ganz anders als die Pädagogen (vgl. Rohrmann 1994).

He-Man

So meint Erik: «Das finde ich blöd, daß die immer sagen, ‹He-Man ist der Stärkste›. Der ist doch gar nicht der Stärkste. Wenn du mit dem Hammer draufhaust, ist *He-Man* platt.» Lars, der einen Großteil seiner Zeit vor dem Fernseher verbringt, ist da sicher ganz anderer Ansicht. Er beschreibt mir seinen Lieblingshelden als «so'n Mann, der hat noch Gefährten, der kämpft gegen das Böse». Toll findet er an ihm seine Muskeln und daß er gut aussieht. *He-Man* ist nach Ansicht von Lars «kinder- und erwachsenenlieb» und sehr freundlich. Konflikten würde er, wenn möglich, aus dem Wege gehen; bestimmen will er eigentlich nicht, aber «er ist ja der Chef, darum muß er ja». Ich bitte Lars, sich vorzustellen, daß *He-Man* ein ausgesetztes Baby am Wegesrand findet – was würde er tun? Er würde das Baby auf den Arm nehmen, anschließend «rumdüsen und überall fragen, wem es gehört», und es schließlich in Pflege nehmen, bis die Mutter sich meldet. Auf meine Frage hin, ob *He-Man* das denn könne, meint er: «Natürlich, das kann ich doch sogar!»

Das A-Team

Holger erzählt mir, daß er die Actionserie *A-Team* mit seinem Lieblingshelden, dem «Muskelmann» B. A., nicht mehr sehen darf: Weil er danach «ausrastet», das heißt wild Filmhandlungen nachspielt, dabei gegen Wände haut und so weiter. Er selbst erklärt mir das folgendermaßen: Wenn er lange vor dem Fernseher sitzt, staue sich die Energie in ihm, und dann müsse sie sich entladen. Diese Erklärung hört sich allerdings etwas «nachgebetet» an. Später stellt sich heraus, daß sein Vater auch manchmal sehr aggressiv wird und er die Aggressivität angeblich «von ihm» hat. Könnte es sein, daß die Fernsehsendungen bei ihm vielleicht tatsächlich aggressives Verhalten *auslösen* können, die *Ursachen* dafür aber ganz woanders liegen, zum Beispiel in ungeklärten familiären Konflikten? Ein Fernsehverbot mag kurzfristig Entlastung bringen, blendet aber die dahinterliegenden Probleme aus.

Bud Spencer

Mit Christoph spreche ich über den Uralt-Spielfilmhelden und Raufbold *Bud Spencer*. Er findet an ihm toll, daß er «rundlich» ist – wie der Junge selbst. Seinem groben Helden gelingt es trotzdem, sich durchzusetzen, wogegen das für Christoph manchmal schwieriger sein mag. Dabei unterscheidet er klar zwischen Film und Wirklichkeit. Ist es grausam, daß *Bud Spencer* auch «mal zuhaut», wenn er in Streit gerät? «Ich finde nicht», meint Christoph, obwohl er selbst nicht so zuhaut und es «doof» findet, wenn Mitschüler das tun. Aber im Film ist das etwas anderes: «Das ist ja ein Film!»

Jungen suchen sich den Helden, den sie gerade brauchen

Manchmal leben die Helden stellvertretend die Seiten aus, die den Jungen nicht erlaubt sind oder die sie sich selbst nicht zugestehen. Der eher unsichere und zurückhaltende Georg findet es faszinierend, daß sein Held andere Leute herumkommandieren kann. Der freundliche Klaus erzählt mit unverhohlenem Spaß von der Grobheit seiner Helden. Andererseits bieten sich die Helden zur Identifikation an. Jungen, die keine Freunde haben, phantasieren sich ihre Helden als mutige Einzelgänger. Helden bewältigen Situationen, die Jungen Angst machen. Schließlich sind Helden auch Beschützer, starke Männer, an die sich ein Junge anlehnen kann, mit denen er Abenteuer erlebt und die zum inneren Begleiter werden können. Die Helden springen da in die Bresche, wo in der Realität oder der Phantasie des Jungen ein Mangel besteht. Und sicher ist es nicht zuletzt der Mangel an greifbaren Männern im Leben von Jungen, der Heldenfiguren für sie so wichtig sein läßt.

Kampf und Körperbeherrschung

Hulk Hogan
Warum bewundern Jungen Männer, die gut kämpfen können? Jörg schildert mir seinen Lieblingshelden *Hulk Hogan*, einen *Catcher*, als brutales Kraftpaket. Toll findet er an ihm, daß er «sein Hemd zerreißt, bevor er aufs Podium geht und den Kampf beginnt». Die Kämpfe der Catcher sind gefährlich aussehende Schaukämpfe, bei denen es, anders als im Sport, «Gute» und «Böse» gibt. Diese sind an ihren wild geschminkten Gesichtern zu erkennen. Eine Zeitlang waren sie auch als Spielfiguren populär. Ihr Äußeres ist auffällig auf Körperkraft und Kampf abgestimmt. Offensichtlich ist einerseits der Kontrast zwischen Jungenkörpern und den Körpern der Muskelmänner, andererseits die Parallele zu den Prügeleien und Kämpfen der Jungen untereinander.

Als ich Jörg frage, wie sich sein Held in verschiedenen Konflikt-situationen verhalten würde, reagiert er mit einem knappen «Zu-schlagen!» oder «Zusammenschlagen!» und unterstreicht es mit entsprechenden Gesten. Der Held hat keine Freunde – wie Jörg selbst, der die Sonderschule besucht und wegen extrem aggressi-ven Verhaltens und emotionaler Instabilität in eine Beratungsstelle gebracht wurde. Sein Held würde Schwächere beschützen, natür-lich durch «Zusammenschlagen». Wer beschützt Jörg in seinem schwierigen Alltag? Überraschenderweise bezeichnet er seinen Helden als «empfindlich». Zwar würde er niemals weinen, aber auch Jörg würde nie weinen – so erzählt er mir jedenfalls. Wie die Beraterin mir mitteilte, war in Wirklichkeit das Gegenteil der Fall. Dem Brutalo-Image zum Trotz erweist sich der Hulk Hogan in Jörgs Sicht auch als verständnisvoll, zärtlich (wenn auch nicht im-mer) und erstaunlich fürsorglich.

Um aus solch einer Schilderung Schlüsse zu ziehen, müßten wir mehr über den Jungen wissen, der sie erzählt. Andererseits sollte nicht vergessen werden, wie Catcher im allgemeinen den Zuschau-ern präsentiert werden. Im Gegensatz zur manchmal grenzenlosen Aggression des Jungen sind die Kämpfe der Catcher exakt durch-geplante Schaukämpfe, die große Körperbeherrschung erfordern. Im eigenen Kontrastbild von brutalem Kämpfer und fürsorglicher Vaterfigur spiegelt sich die innere Zerrissenheit des Jungen wider, der in seinem Verhalten zwischen aggressiven Ausbrüchen und kleinkindhafter Hilflosigkeit hin und her pendelt.

Asiatische Kampftechniken: Kunst oder brutale Gewalt?

Typisch für Kämpfe unter Jungen ist die Nachahmung asiatischer Kampfsporttechniken. Die Herkunft der Posen ist recht eindeutig: Sie stammen zumeist aus dem Fernsehen. Es gibt allerdings be-deutsame Unterschiede zwischen den realen Kampfkünsten, den

Fernsehbildern und den Nachahmungen der Jungen. In der Ausbildung von Kampfsportarten steht Körperbewußtsein an oberster Stelle. Die Bewegungsformen sind sehr kontrolliert, und die Regeln für erlaubte Techniken sind klar und eindeutig. Mit dem Erlernen der Technik ist zumindest eine ethische Grundhaltung der Fairneß verbunden, der gesamte spirituelle Hintergrund der Kampfkünste allerdings spielt in Europa meist kaum noch eine Rolle.

In Action-Filmen hat Kampfsport meist zwei Aspekte. Einerseits werden die Techniken dazu eingesetzt, Gegner auf höchst effektive Weise «fertigzumachen». Ein traditioneller «Schläger» hat gegen einen im Kampfsport ausgebildeten Helden kaum eine Chance. Dabei werden teilweise Techniken verwandt, die in Deutschland aufgrund ihrer Gefährlichkeit verboten sind, wie z. B. das *Ninja* der *Turtles*. Auf der anderen Seite haben die kämpferischen Begegnungen einen manchmal sehr ausgeprägten künstlerischen Aspekt. So ähneln die auf den ersten Blick brutal wirkenden Auseinandersetzungen der *Power Rangers* bei näherer Betrachtung eher einem spielerischen Tanz; sie erinnern an Breakdance und Ballett. Tatsächlich kommen, insbesondere in Sendungen für Kinder, die Kämpfenden oft nicht wirklich zu Schaden; wirkliche Brutalität findet sich eher in Filmen für junge Männer.

Wenn die Jungen nun solche Bewegungen nachahmen, kommt es zu sehr unterschiedlichen Ergebnissen. Nicht selten hüpfen die Jungen allein herum und nehmen entsprechende Positionen ein. Beim «Schattenboxen» berühren sich manche Jungen kaum, bei anderen kommt es zu schmerzhaften Treffern, nicht zuletzt auch wegen unterschiedlicher Fähigkeiten der Körperbeherrschung, also nicht immer absichtlich. Die Tritte und Schläge werden natürlich auch dann ausprobiert, wenn Jungen aggressiv sind oder mit anderen streiten. Häufiger werden sie aber nur als Drohgesten eingesetzt. Wenn es ernst wird, gehen die Jungen ohne solche Technik direkt aufeinander los. Sie merken ja, daß sie beim Probieren der eindrucksvollen Tritte all zu oft aus dem Gleichgewicht geraten ...

Kleinen Jungen ist oft nicht klar, daß die so «leicht» aussehenden Bewegungen ein Höchstmaß an Körperkontrolle verlangen. Da in den Filmen auch oft «nichts» passiert, das heißt kein Ausdruck von Schmerz sichtbar wird, haben sie keine Vorstellung davon, wie verletzend solche Tritte tatsächlich sein können.

Kampfsport: eine Alternative (nicht nur) für Jungen

Kann ein geregeltes Üben von Judo, Karate oder anderen fernöstlichen Kampfsportarten Jungen in ihrer Entwicklung unterstützen? Sicher ist es sinnvoll, wenn Jungen einmal von einem Trainer

«Das hat der gestern im Fernsehen so gemacht!»

erfahren, worum es dabei wirklich geht. Während Jungen damit zumeist ein unkontrolliertes Austoben verbinden, geht es eigentlich um ein geregeltes Miteinander. Während beim Toben der Jungen außerdem Phasen von Konzentration und Entspannung fehlen, spielen sie im Kampfsport eine entscheidende Rolle. Zwar werden solche Momente in den Filmen und Comics oft sogar dargestellt, insbesondere wenn ein «Meister» vorkommt. Die Jungen nehmen meist aber nur die Szenen mit der größten «Action» wahr.

Es läßt sich nicht allgemein beantworten, ob Kampfsport für Jungen gut oder schlecht ist. Schauen Sie sich mögliche Angebote genau an. Wenn es nur um Leistung und das möglichst schnelle Lernen effektiver Techniken geht, seien Sie skeptisch. In manchen Städten gibt es auch Angebote, die Kampfsport mit einem sozialen Gruppenangebot verbinden.

Auch wenn am Anfang alles sehr spielerisch aussieht: In manchen Vereinen werden Konkurrenz und Leistungsdruck immer größer, je länger man dabei ist. Sprechen Sie daher mit den Jungen darüber, wie es ihnen in der Gruppe, mit dem Trainer, mit dem Verlieren und Gewinnen geht – denn manchmal geht darüber der Spaß an der Sache völlig verloren.

Bei all diesen Problematisierungen sollte allerdings eins nicht vergessen werden. «Action ist nur *ein* Bedürfnis, nur *ein* Teil des Lebens von Jungen. Wie die *Turtles* nach Abschluß eines erfolgreichen Abenteuers sagen: ‹Wunderbar! Jetzt können wir endlich relaxen, ein bißchen Glotze gucken und dabei den ganzen Wahnsinn vergessen, den wir in den letzten Stunden und Tagen mitgemacht haben! Macht's euch gemütlich, Freunde!›» (Rohrmann 1994, S. 258).

Wie Eltern Helden sehen sollten

Helden spiegeln Sehnsüchte, Nöte und Bedürfnisse von Jungen wider, sind von daher also nicht «gefährlich». Andererseits ist das Überwiegen gewaltsamer Konfliktlösungen in den Actionserien nicht unproblematisch, und in ihrer Betonung traditioneller Stereotype von Männlichkeit tragen sie nicht gerade zu deren Abbau bei. Doch abschaffen lassen sie sich nicht. So oder so leben Kinder in der Familie nicht auf einer Insel, sondern werden von «der Gesellschaft» beeinflußt, also von anderen Kindern oder von der Werbung der Spielzeugindustrie. Wie läßt sich also mit den Actionwelten umgehen?

Ein Verbot hilft nicht weiter

Ein Verbot von Actionspielzeug und Fernsehserien ist nicht nur schwer durchführbar, sondern wird den Bedürfnissen und inneren Wünschen der Jungen nicht gerecht und kann zu ihrer Isolierung in der Gruppe der Gleichaltrigen führen. Andererseits kann es nicht darum gehen, Kindern jeden Wunsch zu erfüllen. Vor allem bei der Anschaffung von Actionspielzeug geht es natürlich nicht zuletzt um Geld.

> Keinem Kind tut es gut, mit Spielzeug überschüttet zu werden. Aber genausowenig förderlich ist es, seinem Kind ein heißersehntes Spielzeug starr zu verweigern, nur weil es einem selbst nicht gefällt. «Über Geschmäcker läßt sich streiten», heißt es – streiten Sie sich, und finden Sie Kompromisse!

Entwickeln Sie Interesse für die Spielwelten Ihrer Kinder

Wieviel wissen Sie von den Lieblingsserien Ihrer Kinder? Die Begeisterung der Jungen für ihre Helden und die Ablehnung der Figuren und Filme durch Eltern, Erzieherinnen und LehrerInnen machen einen Austausch darüber manchmal schwierig! Viele Erwachsene meinen, daß es bei den Jungen «immer nur ums Kämpfen» gehe. Die Jungen wiederum wissen, daß viele Erwachsene Actionfilme ablehnen und Actionspielzeug «doof», «blödsinnig» oder «häßlich» finden, aber haben oft keine Ahnung, woran das liegt.

Versuchen Sie, sich für die Themen der Jungen zu interessieren. Schauen Sie sich Videos und Comics mit an, anstatt über Fernsehzeiten zu debattieren, oder lassen Sie sich davon erzählen. So erfahren Sie am besten, ob Jungen dadurch Probleme bekommen. Das bedeutet nicht, daß Sie sich stundenlang Einzelheiten über irgendwelche Funktionen oder Geschichten anhören müssen (manche Jungen können da sehr ausdauernd sein). Statt dessen geht es darum, hinter technische Details und oft gleichförmigen und sich wiederholenden Handlungen das zu entdecken, was einen bestimmten Jungen fasziniert oder beschäftigt. Fragen Sie auch nach dem, was *Sie* interessiert. Wichtig ist nicht, was in einem Film oder Comic passiert, sondern was er im Zuschauer bewegt – das gilt für uns Erwachsene ja ebenso. Verstehen Sie solche Gespräche eher als Entdeckungsreise ins unbekannte Land der Action-Helden.

Neue Spielideen entwickeln

Wer bereit ist, mitzuspielen und die Helden der Jungen erst einmal zu akzeptieren, kann als zweiten Schritt versuchen, neue Ideen ins Spiel einzubringen und neue Zugänge zu den Heldenfiguren zu entdecken. Die Jungen suchen sich ihre Helden, um auszudrücken, was sie beschäftigt – warum sollen wir das nicht ebenso tun? Es mag zunächst komisch wirken, aber warum soll ein Actionheld nicht einmal einen kleinen Jungen am Wegrand finden und seine fürsorglichen Seiten entdecken? So etwas gibt es auch in Actionfilmen, wie z. B. Arnold Schwarzenegger im *Terminator II* oder Kevin Costner in *Waterworld* zeigen – in beiden Filmen übernimmt der Held, wenn auch zunächst unwillig, die Verantwortung für ein Kind. Womöglich wird der Lieblingsheld mal zum Vater – oder Barbie kann dazu angeregt werden, Mechanikerin zu werden, anstatt sich nur um Kleider und Kinder zu kümmern.

Spielen Sie mit! Probieren Sie aus, was passiert, wenn Sie eine Actionpuppe in die Hand nehmen und beginnen, sich mit ihr zu unterhalten. Fragen Sie sie, wie es ihr geht, bieten Sie ihr etwas zu essen an und finden Sie heraus, ob sie Ihnen etwas über Ihren Sohn erzählen kann, was Sie noch nicht wissen. Sprechen Sie darüber, wie es Ihnen geht, wenn Sie in ein Actionspiel hineingeraten – ohne das zu bewerten oder zu verurteilen.

Auf diese Weise lassen sich die Figuren auch in pädagogische Arbeit mit einbeziehen. Jungen, die mit zunehmendem Alter oft wenig Lust haben, über alles reden zu müssen, sind meist gesprächsbereit und finden es gut, wenn sich jemand für das interessiert, was *sie* wissen und wichtig finden. Auf dieser Grundlage lassen sich dann auch Themen ansprechen, über die nicht immer leicht zu reden ist – etwa über Unsicherheiten, Ängste oder übers Streiten.

Andererseits gibt es alte Geschichten, die genauso spannend wie futuristische Weltraumabenteuer sein können. Nicht von ungefähr machen viele Action- und Fantasyserien viele Anleihen bei Märchen und Sagen. Sagengestalten wie Odysseus oder Parzival, deren Abenteuer lange Zeit zum klassischen Bildungsgut zählten, haben spannende Abenteuer erlebt, die denen der *Power Ranger* in nichts nachstehen. Auch Grimmsche Märchen, wie der Eisenhans, greifen Themen von Jungen auf und lassen sich als Ausgangspunkt für Spiele und Aktionen nutzen.

Alternativen entwickeln

Schließlich geht es darum, die Bedürfnisse und Wünsche aufzugreifen, die hinter der Actionbegeisterung der Jungen stehen, und nach neuen Wegen zu suchen, sie zu beantworten. Dazu müssen wir diese natürlich erst einmal entdecken! Ein gutgemeintes Alternativangebot wird sein Ziel nicht erreichen können, wenn es nicht auf die inneren Themen der Jungen eingeht und ihnen dafür andere Ausdrucksformen ermöglicht.

Konkret heißt das: Jungen wollen «was erleben», wollen Action und Spannung – auch brave Mittelschichtskinder. Sie brauchen Gelegenheiten, ihre Kräfte zu erproben und Grenzen kennenzulernen. Sie wollen nicht nur lieb und vernünftig sein, sondern auch kämpfen und sich auf *ihre* Weise mit Bedrohung und Gewalt, mit Gut und Böse auseinandersetzen. Sie suchen aber auch Schutz und Orientierung bei jemandem, der Herausforderungen und Belastungen besser gewachsen ist als sie selber. Und sie müssen Wege finden, mit der alltäglichen Gewalt umzugehen, der sie ständig ausgesetzt sind.

Dafür brauchen sie nicht unbedingt Plastikfiguren und Videokassetten, wohl aber gleichaltrige Freunde und Erwachsene, die mit ihnen herumtoben, Theater spielen, auf Abenteuer losziehen und ihnen die Welt erklären. Und sie brauchen Erwachsene, die sie dazu ermutigen, mit Aggressionen zu leben, die sie in Schutz nehmen, wenn sie sich nicht allein helfen können, und die selbst mit Konflikten umgehen können.

Kapitel 8
Gutes Spielzeug –
schlechtes Spielzeug

«Nur das Beste für mein Kind!»

Katharina lebt mit ihren Eltern in einem großen Haus in einer guten Wohngegend. Beide Eltern sind Akademiker. Die Mutter gab den Beruf als Pharmazeutin auf, als Katharina geboren wurde. Ich lernte sie bei einem Seminar über Eltern-Kind-Konflikte kennen.

Mein Eindruck bei einem Besuch: «Was für ein schönes Haus!» Die Räume sind geschmackvoll eingerichtet. Auch das Kinderzimmer gefiel mir, die sparsame Möblierung läßt Platz für den Gestaltungsdrang des Kindes.

Katharinas Spielzeug ist bewußt ausgesucht: stabile große Holzbausteine, Tiere und Bauernhof, ein großes, handgemachtes Schaukelpferd und weiche Waldorfpuppen. Außerdem viel Material zum Malen, Basteln, Bauen.

Ihre Mutter sagt: «Ich könnte Katharina niemals eine Puppe geben, die ich häßlich finde. Einmal schenkte ihr die Oma eine, die habe ich weggeworfen, bevor Katharina sie gesehen hat. Ich möchte in meinem Kind den Sinn für Schönes, Natürliches wecken, sie deshalb mit schönen Farben und Formen umgeben.»

Katharina ist jetzt drei Jahre alt. Meist verbringt sie den Tag mit ihrer Mutter. Im Haus gibt es eigentlich immer etwas zu tun und zu entdecken. Zweimal wöchentlich geht die Mutter mit ihr in eine pädagogisch geleitete Spielgruppe. Seit einiger Zeit geht Katharina hin und wieder zu einem Nachbarskind. Jetzt macht ihre Mutter sich Gedanken, ob das häßliche Plastikspielzeug dieses Mädchens ihre Tochter negativ beeinflussen könnte.

Ein anderes Kinderzimmer. Bei Sven ist es «phantastisch». Auf einer großen Sperrholzplatte ist ein ferner Planet entstanden, auf dem der Kampf von Monstern und Giganten tobt. Obwohl die Familie wenig Geld zur Verfügung hat, besitzt Sven alle im Handel erhältlichen Figuren. Er spielt damit sehr ausdauernd und erfindet eigene kleine Geschichten.

Der Junge hat wenig Kontakt zu anderen Kindern. Die Familie lebte bis vor einigen Jahren in einem kleinen Dorf. Es ist schwer, hier Anschluß zu finden, sagt Svens Mutter. Daß ihr Sohn mit den Figuren Weltraumkämpfe spielt, stört Svens Eltern nicht. Für sie ist wichtig, daß das Kind zufrieden ist.

Beide Eltern wollen das Beste für ihr Kind. Die Beispiele zeigen jedoch den unterschiedlichen Umgang mit den Spielzeugwünschen der Kinder. Was wir erlauben oder verbieten, kaufen oder schenken, hat viel zu tun mit den eigenen Wertvorstellungen. Katharinas Mutter hat einen erfolgreichen Beruf aufgegeben. Mit großer Konsequenz widmet sie sich nun der Erziehung ihrer Tochter. Sie hat klare Vorstellungen über die Werte, die das Kind übernehmen

Auch über «wertvolles» Spielzeug können sich Kinder streiten ...

soll, und arrangiert die Umwelt so, daß Katharina «spielerisch» hineinwächst. In der Werteordnung von Svens Eltern steht dagegen die Erfüllung materieller Wünsche ganz oben.

Mit den Augen der Kinder

Die fünfmonatige Sarah sitzt auf dem Spielteppich und versucht, ein Plastikteil durch eine Öffnung in einen größeren Würfel zu schieben. Als ihre Mutter aufsteht und in die Küche geht, krabbelt sie hinterher. Frau B. fängt an, Gemüse zu putzen und holt Töpfe und Küchengeräte fürs Kochen hervor. Sarah streckt die Ärmchen aus. «Nein, du kannst jetzt nicht auf meinen Arm», meint Frau B. Sie holt das Spielzeug in die Küche. Sarah beschäftig sich noch einen Moment damit, dann streckt sie wieder die Arme aus. Frau B. hat einen Löffel in der Hand. «Ach, das willst du», lacht sie und gibt Sarah auch einen Löffel.

Eine «Meinungsumfrage» unter kleinen Kindern in Sarahs Alter würde ergeben: «Wertvoll ist alles, was man anfassen, untersuchen, ausprobieren darf und was man zusammen mit anderen und in der Nähe von lieben großen Leuten machen kann. Wie kommt es dann, fragen wir uns, daß aus dem zufriedenen Spiel mit zwei Löffeln später das quengelige «Mein Auto ist aber schöner / häßlicher / größer / kleiner als Daniels» wird? Kinder lernen schnell. Beispielsweise, wenn ihnen das Geschenk von Oma nicht gefällt, und wir sagen: «Aber Daniel, nun bedank dich doch, dafür hat Oma viel Geld ausgegeben.» Oder im Sandkasten, wenn Sarah nach der Schaufel eines anderen Kindes greift und Frau B. vorwurfsvoll sagt: «Sarah, nimm deine. Die gehört dem anderen Kind.»

Was ist gutes Spielzeug?

Der Sozialphilosoph Walter Benjamin schrieb 1928 über Bemühungen um das gute Spielzeug, dies sei eine der muffigsten Spekulationen der Pädagogen (Benjamin 1969).

Kinder zeigen uns täglich neu, was Walter Benjamin damit meinte. Wenn wir sie lassen, setzen sie sich über alle gutgemeinten Kriterien hinweg und benutzen die Dinge so, wie es ihren verschiedenen Bedürfnissen entspricht: Neben dem teuren, sorgfältig verarbeiteten Holzspielzeug stehen die Action-Figuren. Mit ihnen gehört man dazu, mit ihnen kann man Fernsehszenen nachspielen. Auch wenn es uns nicht gefällt, ein Mädchen, das sich mit ihrer weiblichen Rolle und Sexualität auseinandersetzt, trifft irgendwann auf Barbie und kann damit anderes phantasieren als mit einer kindlich gestalteten Puppe. Zeug zum Spielen kann darüber hinaus alles sein, auch Dinge der Erwachsenen oder zufällig Gefundenes oder Gesammeltes vom Sperrmüll. Manches Spielzeug ist wahrscheinlich deshalb beliebt, weil es eben keinen erzieherischen Wert hat und nicht von Erwachsenen mit Bedacht ausgesucht, sondern am Kiosk selbst erworben worden ist. Anderes Spielzeug wieder wurde vom Taschengeld oder vom Geburtstagsgeld gegen den Widerstand der Eltern gekauft – es lebe der eigene Geschmack.

Holz oder Plastik?

Ein unumstößliches pädagogisches Gesetz ist der Vorzug guter Holzfiguren gegenüber billigem Plastikzeug. Seufzend bemerken Eltern und Erzieherinnen, daß die Kinder leider häufig Plastiksachen vorziehen. Ich vermag nicht einzusehen, wieso lackierte Holzspielzeuge, deren Oberfläche sich kaum anders anfühlt als Plastik, wertvoller sein sollen. Der Bezug zur Natur läßt sich so jedenfalls nicht herstellen. Es macht auch keinen Sinn, Spielwaren aus Holz zu formen, deren große Vorbilder aus anderen Materialien sind. Auf die Spitze getrieben sah ich das bei einem Spiel-Roboter aus Holz. Wenn Kinder durch Spielzeug mit Technik vertraut gemacht werden sollen, dann zeigen elektronische Roboter besser, was gemeint ist.

Der Wert des Spielzeugs bestimmt sich meiner Ansicht nach weniger aus Materialeigenschaften – dies heben Firmen hervor –, sondern aus ganz subjektiven Bedeutungen für das Kind. Ein Junge, der neu in eine Gruppe kommt und mit einer Action-Figur Anerkennung findet, bestimmt deren Wert nach dieser Erfahrung. Zu Recht betont der Arbeitsausschuß «Gutes Spielzeug» in seinen Veröffentlichungen, daß Spielwaren nur ein Teil der kindlichen Lebenswelt sind und eine anregungsreiche Umwelt und den Umgang mit anderen Materialien nicht ersetzen können.

Was nützen Spielzeugempfehlungen?

Die Bereitschaft, viel Geld für Spielzeug auszugeben, wächst, wenn der pädagogische Wert nachgewiesen wird. Das wissen auch Spielwarenfirmen. Immer häufiger tauchen deshalb firmeneigene Gütesiegel und Stellungnahmen von Professoren auf Spielzeugverpackungen auf. Dabei ist Vorsicht geboten.

Gütesiegel und Untersuchungen, die im Auftrag von Firmen durchgeführt und unmittelbar für die Produktwerbung eingesetzt werden, können nicht unabhängig sein. Die Firmen nutzen wohlklingende Namen, um Kasse zu machen.

Von der Spielwarenbranche unabhängig ist nur der «Arbeitsausschuß Kinderspiel und Spielzeug e. V.» in Ulm. Ehrenamtlich prüfen und bewerten 45 Fachleute (Sozialpädagogen, Psychologen, Designer, Ärzte und Wissenschaftler) Spielzeug. Empfehlenswertes Spielzeug erhält die Auszeichnung «spiel gut». Mehrere hundert Artikel aus dem Gesamtangebot von mindestens 15 000 verschiedenen Spielwaren tragen das rote Gütesiegel.

Ich denke, daß die Bedeutung, die wir dem «guten» Spielzeug beimessen, übertrieben ist. Trägt sie nicht zur Überbewertung der materiellen Aspekte vor den Beziehungsaspekten zwischen Erwachsenen und Kindern bei? Kann man das «Beste» für sein Kind kaufen? Muß man, um ein wertvoller Mensch zu werden, mit wertvollem Spielzeug spielen? Unbeantwortet ist auch die Frage, welchen Stellenwert denn überhaupt Spielzeug für die Entwicklung der Persönlichkeit hat. Entscheidende, suggeriert die Werbung der Spielwarenfirmen. Als meine Tochter im Baby- und Kleinkindalter war, fand ich die Kriterienkataloge und die Empfehlungen des Arbeitsausschusses sehr hilfreich. Meinem Mann und mir gaben sie damals Orientierungen über die entwicklungspsychologischen Aspekte des Spiels. Ich erlebte, wie unmittelbar sinnlich meine Tochter mit Dingen umging, sie betastete, lutschte, drückte, zog, rollte. Die Kriterien an Form, Haltbarkeit, Material leuchteten mir ein.

Phantasievolles Spiel braucht kein «gutes Spielzeug»

Später stellte ich fest: Phantasievolles Spiel ist auch mit «schlechtem» Spielzeug möglich. Zwar verkörpern Barbie und He-Man Rollenklischees, die ich ablehne, Kinder setzen sich aber genau wie ich damit auseinander und imitieren nicht nur die Vorgabe. Die Ratgeber für gutes Spielzeug berücksichtigen nicht, daß die Kinder die Konsum- und Warenwelt aktiv-spielend erleben und verarbeiten.

Problematisch finde ich, wenn Kriterienkataloge eine Autorität darstellen, der ich leider nicht genüge. Ich habe als Mutter versagt, mein Kind will immer noch die Weltraumpatrouille! Oder wenn Kriterien als Moralkodex zwischen Eltern und Erzieherinnen stehen und auf Elternabenden niemand zugibt, daß sich die Kinder zu Hause viel häufiger den Monsterfiguren als dem pädagogisch wertvollen Spielzeug zuwenden.

Mich stört auch der Anspruch der Allgemeingültigkeit bei Qua-

Ständig neue Figuren halten das Interesse der kleinen Käufer wach

litätskriterien. Bei Filmen, Musik, Theater für Erwachsene, bei Design und Formgebung berücksichtigen wir ja auch schichtspezifische Zugänge und verschiedene Traditionen. Wertmaßstäbe wie Kitsch und Konsumterror sind historisch und gesellschaftlich relativ.

Walter Benjamin nannte es einen Irrtum, zu meinen, die Motivation zum Spielen gehe vom Spielzeug aus. So werden wir Erwachsenen zum Kaufen motiviert: Damit kann Ihr Kind phantasievoll spielen, die vielen Details und Funktionen werden gelobt. Dabei, so Benjamin, sei es gerade umgekehrt: Das Kind will spielen und gibt einem Ding in seiner Phantasie eine bestimmte Funktion, ein Aussehen. «Das Kind will etwas ziehen und wird Pferd, will mit Sand spielen und wird Bäcker, will sich verstecken und wird Räuber und Gendarm.» Die Aussage mancher Spielzeugratgeber, Action-Spielzeug «mache aggressiv», erinnert mich an einen Werbespot für Shampoo, das glücklich macht, oder für ein Waschmittel, das mir die Liebe meiner Familie sichert. Jetzt noch ein Ding, das aggressiv macht! Ist das nicht unter umgekehrten Vorzeichen derselbe Unsinn?

Ich finde die Diskussion um schlechtes und pädagogisch wertvolles Spielzeug wenig hilfreich und produktiv. Die Spielwarenindustrie hat sich an diesen Zug längst angehängt, indem sie eigene Gütesiegel aufklebt oder obskure wissenschaftliche Tests anführt.

Viel entscheidender ist die Abhängigkeit von Spielwaren. Spaß, Phantasie, Nähe, Liebe und Geborgenheit werden so ausschließlich an Konsum gekoppelt. Doch Gefühle kann man nicht kaufen. Ein gutgemeinter Rat von Experten kann deshalb nicht ersetzen, was wir selbst durch das Zusammensein und Spielen mit unserem Kind, durch Gespräche und Beobachtungen über den Wert erfahren, den es einem Spielzeug beimißt.

Mit Spielzeugwünschen richtig umgehen

«Erzähl noch mal, warum wir keine He-Männer mögen», fordert eine Mutter ihren Sohn bei einem Eltern-Kind-Spiele-Nachmittag im Kindergarten auf. Während der Junge die Figuren eines anderen Kindes noch verstohlen betrachtet, antwortet die Mutter bereits: «Also, Monster spielen bei uns gar keine Rolle mehr. Ich habe meinen Kindern gesagt, die sind so schrecklich, wenn die bei euch im Zimmer sind, fürchte ich mich, und dann kann ich euch keine Gute-Nacht-Geschichte mehr erzählen. Seitdem ist das Thema erledigt.»

Wer erfindet ein Monster, das dieser starken Frau gegenübertreten kann? Erwachsene haben kein Recht, ihre Wünsche mit Liebesentzug durchzusetzen. Gleichzeitig zeichnet sich in diesem Fall schon das Drama von morgen ab, wenn der Sohn sich mit der gleichen Methode durchsetzen wird.

Eine andere Mutter ist nicht dieser Meinung: «Ich habe mich monatelang gewehrt, so ein häßliches Monster zu kaufen. Bei mir nicht, da war ich ganz sicher. Wenn ich an die Diskussionen denke, die ich mit Eric geführt habe, schrecklich! Als die Kinder im Bekanntenkreis dann nach und nach damit ankamen, wurde ich natürlich unsicher. Du schließt dein Kind aus, sagten andere Eltern, sie konnten mich nicht verstehen. Dir muß es doch nicht gefallen, sagte meine Freundin. Na, schließlich schenkte ihm jemand zum Geburtstag so eine Figur. Eric war seelig. Meine Befürchtungen, die Figuren würden ihn negativ beeinflussen, sind aber bis jetzt nicht eingetroffen. In den ersten Wochen hat er fast nur damit gespielt, aber inzwischen ist der Reiz des Neuen weg. Die ersten Kinder verkaufen das jetzt schon wieder auf dem Flohmarkt.»

Wir Eltern tragen den Widerspruch in uns. In Umfragen lehnen Eltern Spielzeugwaffen ab. In fast allen Familien gibt es aber laut anderen Umfragen solches Spielzeug. Junge Mütter wurden befragt, welches Spielzeug ihrer Meinung nach die Entwicklung ihres Kindes fördert. Die Barbie-Puppe landete dabei auf einem hinteren Rangplatz, während sie bei der Frage «Welches Spielzeug macht ihrem Kind Spaß» ganz weit oben rangierte (Markenmonitor Spielzeug 1997).

> Eltern kaufen also Spielzeug, das sie eigentlich nicht gut finden. Eigenes schlechtes Gewissen, Rummeckern, Verbieten und Erlauben wechseln sich dabei ab. Das ist anstrengend und kann Kindern und Eltern manchmal ganz schön aggressiv machen! Deshalb: Spielbedürfnisse – die heute oft gleichzeitig Bedürfnisse nach einem bestimmten Spielzeug sind – sollten zunächst ernstgenommen und akzeptiert werden.
>
> Dann können Sie und Ihre Kinder entspannter überlegen, was sich davon realisieren läßt bzw. was Sie realisieren wollen.

Die Leiterin eines Kindergartens erzählt dazu von ihren jetzt erwachsenen Töchtern: *«Ich habe den beiden früher keine Barbie-*

puppen gekauft und ihnen gesagt, daß ich die Barbies scheußlich finde, weil es da nur um Konsum geht. Neulich sprach ich mit meiner ältesten Tochter über Schenken. Plötzlich sagt sie zu mir: ‹Weißt du, Mama, wir nehmen dir immer noch übel, daß wir früher keine Barbie haben durften. Das war unser größter Wunsch, und du hast ihn nicht erfüllt.› Ich war sprachlos, daß eine Achtzehnjährige das noch empfindet. Später war ich traurig. Ich hatte meine Kinder mit dem Verbot gekränkt und davon nichts geahnt. Ich war traurig, weil ich das nicht mehr rückgängig machen kann. Jetzt denke ich anders darüber und bin toleranter, wenn Kinder Spielzeug mit in den Kindergarten bringen, das ich scheußlich finde.»

Wenn Eltern und Erzieherinnen Kindern verbieten, mit Waffen oder Action-Figuren zu spielen, hört das Kämpfen natürlich nicht auf. Die Kinder bauen eben aus Lego-Steinen Gewehre. «Manchmal habe ich den Eindruck, sie wollen mich damit provozieren», meint eine Erzieherin. «Was habe ich eigentlich damit erreicht? Es geht gar nicht um die Pistole. Wir führen einen Machtkampf um ein Verbot. Ätsch, ärgern mich die Kinder, ich trickse dich doch aus. Und da sind unterschwellige Aggressionen vorhanden.» Immer wieder gibt es Diskussionen zwischen Erzieherinnen und Eltern darüber.

Gespräche statt moralische Appelle

Schießende Kinder berühren uns irgendwie peinlich. Habe ich vielleicht etwas falsch gemacht? fragt man sich. Denkt jetzt die Erzieherin vielleicht, bei uns zu Hause würden nur Krimis und brutale Filme gesehen?

«Das hat er irgendwo aufgeschnappt …», ist eine mögliche Form der Abwehr. Soll heißen: Eigentlich gehört es gar nicht zu ihm oder zu uns als Familie, die Gewalt, die damit ausgedrückt wird, hat bestimmt mit uns nichts zu tun! Warum eigentlich? Es fällt schwer zu akzeptieren, daß die Gründe für aggressive Spiele im Alltag liegen. Was sich jeder Erwachsene gestattet, einmal aus vollem Herzen zu sagen – «Hab ich einen Haß», oder «Ich könnte dir den Hals umdrehen» –, sollen Kinder nicht empfinden und ausdrücken dürfen?

Eine gedankliche Barriere gegen diese simple Einsicht scheint mir das rosarot verkitschte Bild von Kindheit und Familie zu sein, das uns allerorten begegnet. In der Werbung, in den Medien, leider auch in familienpolitischen Programmen sind Kinder unschuldige, aggressionslose Wesen, Familie ist von nichts anderem als Zärtlichkeit, Vertrauen und Geborgenheit bestimmt.

Glückliche Kindheit, frei von Zwängen – wer träumt nicht davon, seinen Kindern dies zu geben? Unglückliche, aggressive Kinder – die haben nur schlechte Eltern, wir gehören nicht dazu. Bevor wir Selbstzweifel zulassen, denken wir lieber: Das ist schlechter Einfluß von außen. Und was wäre denn, wenn wir Eltern keine Übermenschen, sondern mal gute und mal schlechte Eltern wären? Ich finde es entlastend, falsche Ansprüche aufzugeben und sich den täglichen Konflikten zu stellen, statt sie zu verleugnen.

Wichtig sind Gespräche ohne gegenseitige Schuldzuweisungen. «Daß es da keine Rezepte gibt, ist doch klar», meint eine Mutter. «Gut finde ich in unserem Kindergarten, daß die Erzieherinnen nicht moralisieren, so daß man sich traut zu erzählen, der spielt das und das.»

In vielen Familien herrscht dauernder Kleinkrieg um Spielzeug. Toleranzgrenzen sind unterschiedlich: Waffen stören Mütter mehr als Väter, die Pistole in der Hand des Dreijährigen entsetzt uns, während wir uns beim Sechsjährigen schon fast daran gewöhnt haben.

Verbieten ist problematisch. Wohl waren es immer schon Erwachsene, die letztendlich Spielzeug für die Kinder aussuchten, kauften oder verweigerten. Nur – noch nie war Spielen so sehr identisch mit Spielzeug.

In meiner Kindheit spielten wir vor allen draußen. Die Requisiten für unser Rollenspiel suchten wir selbst. Größere Geschwister oder

*Mit der harmlosen Barbie
lassen sich grausame Spiele
treiben*

Nachbarskinder paßten auf die Kleinen auf. Für uns damals gab es
verbotene Spiele, gefährliche Spiele, von denen die Eltern besser
nichts wußten. Die Geheimnisse der Kindheit waren ein wichtiger
Freiraum, in dem wir unser Selbst und unser Selbstbewußtsein
entwickeln konnten. Heute haben wir Kindern diesen Freiraum
weitgehend genommen. Die kleine Welt des Kinderzimmers ist von
allen Seiten einsehbar. Erwachsene wissen immer, was läuft. Sie
wissen nicht nur, was Kinder spielen, sondern auch, warum, dank
der Empfehlungen von Spielzeugfirmen und Ratgebern.

Unsere partnerschaftliche Erziehung führt dazu, daß Kinder uns
manches mitteilen, was frühere Generationen aus Angst ver-
schwiegen. Wir wissen durch populäre Psychologie manches über
die kindliche Entwicklung. Das schränkt aber unsere Unbefangen-
heit und Spontaneität ein: Bloß nichts falsch machen!

Ich idealisiere die Vergangenheit nicht – Kinder haben es heute vielfach leichter mit verständnisvollen Erwachsenen. Problematisch ist jedoch die Kontrolle, die Eltern über das Spielverhalten der Kinder ausüben.

Kinder verstehen – und was dann?

Kinder wachsen in die Konsumwelt hinein und bringen dabei ihre Neugier und ihren Erlebnishunger mit. Ihre Bedürfnisse nach Identifikation, Spannung und Abenteuer werden von den Firmen aufgenommen und vielseitig vermarktet. Geprägt durch Medien-, Freizeit- und Konsumangebote, haben sich bei Kindern Spielformen herausgebildet, die unserem erwachsenen Freizeit- und Lernverhalten entsprechen. Für Erwachsene passen Opernbesuch, Seifen-Opern, Volkshochschulkurs und Bildzeitung gut zusammen. Elitäres und Triviales, anspruchsvolle Freizeit und pure Unterhaltung nutzen wir je nach Stimmung, auch wenn wir das nicht immer zugeben. Kleine und Große träumen manchmal davon, so schön und stark wie Medienhelden zu sein, und manchmal finden sie sie ziemlich doof. Auch ich blättere beim Friseur in der Regenbogenpresse oder sehe mal einen trivialen Film. Natürlich stimmen die Geschichten darin nicht, sie sprechen aber Träume von Größe, Liebe und Geborgenheit an, die jeder hat. Gemeinsam kann man darüber lachen, aber ganz frei ist wohl niemand davon.

Manches Spielzeug dient den Kindern, wie Erwachsenen ihr Krimi, als Mittel gegen Streß und Langeweile. Eltern bestätigen dies. «An manchen Tagen ist es ganz schlimm. Dann seh ich schon, wenn die Große aus der Schule kommt, wie angespannt sie ist. Sie rennt dann rum und weiß nichts mit sich anzufangen. ‹Was kommt im Fernsehen? Kann ich mir was kaufen?› fragt sie dann viel mehr als sonst.» Frau B. versucht dann, die Balance zwischen In-Ruhe-Lassen und Zuwendung zu finden. «Aber ich habe schon Angst, daß sich da Gewohnheiten herausbilden.»

160

Ich gebe zu, ich bin häufig verunsichert. Die Werbestrategien der Firmen scheinen mir perfekt, mit vernünftigen Argumenten kommt man nicht dagegen an. Meine Verunsicherung rührt auch daher, daß ich selbst Lernende bin. Eltern haben heute kaum noch einen Erfahrungs- und Informationsvorsprung, denn Medien und Konsumwelt verändern sich laufend. Ich versuche zu begreifen, welche Mode, welcher Trend jetzt dran ist, ob ich dem Zeitgeist selbst aufgesessen bin. Was nützt es mir, wenn ich weiß, wie die Wünsche der Kinder entstehen? Sie ständig zu befriedigen ist sicher kein Weg. Die Suche nach dem konsequenten Erziehungsstil führt bei vielen Paaren zu Spannungen. Es muß einfach immer wieder Ausnahmen von lange überlegten Grundsätzen geben.

Ist das bei unseren eigenen Konsumwünschen anders?

Wer Kinderwünsche lächerlich macht, sie als unmöglich oder kitschig herabsetzt, braucht das möglicherweise für sein eigenes Selbstwertgefühl. Das Kind erfährt dabei auf jeden Fall eine tiefe Kränkung. Ähnlich ginge es mir, wenn mein Ehepartner heimkäme und mich mit kurzem Blick auf den Fernseher so begrüßen würde: «Na, was siehst du dir denn für'n Mist an?»

Nach meiner Erfahrung kann man mit etwas älteren Kindern durchaus über Spielzeug und Konsumwünsche reden, die eigene Meinung begründen und Grenzen erklären. Sicher nicht gerade dann, wenn sie in ihr Spiel vertieft sind. Finanzielle Grenzen sollten nicht willkürlich für ein Spielzeug gelten, sondern in den Umgang mit Geld und Konsum passen, den Sie in Ihrer Familie insgesamt praktizieren.

Kinder spüren, wenn moralische Entrüstung sich nur auf sie und nicht auch auf das Verhalten Erwachsener bezieht. Doppelmoral sollte es nicht geben.

Im Umgang mit Zeit, mit Konsum, mit Medien halten uns Kinder auch ein bißchen den Spiegel vor: So leben wir selbst, und so ist unsere Gesellschaft. Bei eigener kritischer Einstellung gegenüber gesellschaftlichen Entwicklungen ist das manchmal schwer zu ertragen.

Es ist vielleicht einfacher, durch Druck und «sanfte Gewalt» das in unseren Augen problematische Verhalten abzustellen. Sinnvoller ist es sicher, wenn Kinder mit uns und ohne uns lustvolle und befriedigende Alternativen zum bloßen konsumieren erleben.

Kapitel 9
Spielwelten sind Lebenswelten

«Wir sind eine Bande ...»

Zu meinen angenehmsten Erinnerungen in bezug auf kindliches
Spiel gehört ein warmes Mai-Wochenende, das ich mit meiner
Tochter Franziska bei Freunden verbrachte. Zur Hausgemeinschaft
mehrerer Familien gehörten acht Kinder im Alter von fünf bis
zehn. Nach einem gemütlichen Frühstück zog es uns Erwachsene
hinaus in den großen Garten, der von allen Familien gemeinsam
genutzt wurde. Nach und nach kamen die Kinder dazu. Im Laufe
des Vormittags entwickelte sich ein Ritter-Spiel, in das immer
mehr hinzukommende Kinder einbezogen wurden. Ein altes
Baumhaus eignete sich als Burg, in der sich eine Bande ver-
schanzte. Die andere Bande hielt sich auf der gegenüberliegenden
Terrasse auf. Dazwischen spielte sich der Kampf ab. Requisiten
wurden aus Wohnungen und Kinderzimmern geholt, ich hörte
Wortfetzen einer Geschichte «... Die wollen uns überfallen ...»
«... Anführer entführen ...» «Wir machen einen Hinterhalt ...».
Sogar die im Garten herumhoppelnden Kaninchen wurden in das
Spiel einbezogen. Zeitweilig stürzten sich beide Banden kämpfend
mit großem Geheul aufeinander, offensichtlich ohne sich weh zu
tun. In der Zwischenzeit bereiteten meine Tochter und ihre Freundin aus Gänseblümchen und Gras eine Rittersmahlzeit zu. Sie waren Burgfräulein und holten sich Tücher aus den Wohnungen, die
sie sich kunstvoll um Bauch und Kopf schlangen. Mußte zwischendurch das eine oder andere Kind mal weg, setzten die anderen dies
spielerisch um: «Der ist zum anderen Königreich, Hilfe holen ...»,
«Der ist verletzt und wird gepflegt ...». Neu hinzukommende Kinder wurden kurz in die Geschichte eingeführt und erhielten eine
Rolle. Das Spiel, natürlich mit Rast- und Ruhezeiten, in denen die

Ritter von uns mit Saft, Kuchen und Obst versorgt wurden oder sich im Burggraben (Plastikwanne und Schlauch) naßspritzten, zog sich von Mittag bis Sonnenuntergang hin.

Wir Eltern verlebten einen herrlich entspannten Tag, die Kinder beachteten uns kaum. «Na, was meinst du als Friedenspädagogin dazu?» neckte mich meine Freundin. Wir lachten über die Rollenklischees, die unsere Kinder so eindeutig verkörperten. Was hatten wir nur falsch gemacht, daß sich unsere Töchter mit dem «Burgfräulein» zufriedengaben und nicht als Amazonen in den Kampf zogen? Bestimmend war für mich die Atmosphäre von Entspanntheit, Freundschaft und Mit-Einander-Spielen der Kinder. Ich finde es abwegig, diese Spiele mit moralischem Zeigefinger zu verurteilen. Auch Kampfszenen können kooperativ und in schönster Harmonie gespielt werden, Spaß am Raufen und Toben stehen im Vordergrund, ernsthaftes Wehtun wird grundsätzlich vermieden. Wenn ein Kind wirklich einem anderen weh tun will, kann es das auch mit einem Teddybär oder einer Puppe, die auf den Kopf gehauen wird, oder einem Lastwagen, der scheinbar unbeabsichtigt dem anderen über die Hand fährt.

Das berühmte Buch (rororo 0279) und der Film «Krieg der Knöpfe» erzählen vom Kampf zweier Jungenbanden in einem französischen Dorf in der Zeit vor dem Zweiten Weltkrieg. In ihrem Kriegsspiel mischen sich Spiellust, tatsächliche Feindschaften der Dorf- oder Straßenbanden mit Bruchstücken militärischer Kenntnisse aus dem Geschichts- oder Religionsunterricht. Zwei Banden, sprich Armeen, treffen aufeinander, ausgerüstet mit selbstgeschnitzten Stöcken, Papierhelmen und Kochtöpfen. Dieser Kampf hat noch etwas zu tun mit der Eroberung des eigenen Erfahrungsraums Straße, Hinterhof, Waldstück, mit dem Kräftemessen und Sich-Durchsetzen, also mit dem eigenen Leben.

Heute nehmen künstliche, industriell vorgefertigte Spielwelten den Platz eigener Erfahrungsräume und damit auch den Platz personaler Beziehungen ein. Ich finde, dies ist ein Verlust. Es paßt zu dieser Entwicklung, daß das bayerische Unterrichtsministerium den «Krieg der Knöpfe» aus dem Deutschunterricht verbannen wollte – wegen «obszönen Inhalts»; die Beamten stießen sich an der deftigen Sprache, wie sie auf der Straße eben üblich ist.

«Ihr wärt die Bösen – wir wärn die Guten» Aggression im Rollenspiel

«Hände hoch», Jonas stürzt aus dem Hinterhalt, sprich Gebüsch, hervor. Der Stock, den er wie ein Gewehr in der Hand hält, ist auf Markus gerichtet. Peng-peng, Markus läßt sich gekonnt nach rückwärts fallen, fast wie die Vorbilder im Western. Jonas schleicht sich ran, setzt Markus den Fuß auf den Bauch. «Der wäre erledigt, jetzt kommt der andere dran ...» Mit Geheul stürzt sich Jonas auf Hannes, der zu fliehen versucht hatte.

Die Mütter, in Sichtweite beim Sandkasten mit den kleinen Geschwistern sitzend, sind peinlich berührt. «Das ist jetzt die Phase», meint Frau M., «das kommt aus dem Kindergarten.» – «Ich finde aber, man muß dazu etwas sagen als Eltern», meint Jonas' Mutter. Als die Kinder zurückkommen, setzt Frau M. an. «Wißt ihr, mir gefiel euer Überfall vorhin nicht. Gewehrschüsse tun Menschen sehr weh, und Töten ist ein Unrecht ...» – «Aber Mama», fällt Jonas ihr ins Wort, «das war doch nur im Spiel! Du hast doch gesehen, wie der Markus hinterher wieder lebendig war und weiter mitgespielt hat!»

Jonas erklärt seiner Mutter, daß sie ihn mißverstanden hat. Getötet hat er ja nicht wirklich oder «in echt», wie Kinder sagen, sondern in der Phantasie. Jonas weiß in diesem Augenblick nicht, daß seine Mutter den Unterschied auch kennt, aber ihr seine Phantasie nicht gefällt.

Jonas hat recht, sein Schuß existiert nur in der Phantasie und tut niemandem weh. Dennoch ist ein Spiel Wirklichkeit in dem Sinne, daß er sich mit seiner Umwelt auseinandersetzt. Kindliche Rollenspiele sind Phantasien, die die innere Erlebniswelt der Kinder ausdrücken. Das zu Hause, im Kindergarten, in der Schule, vorm

Fernsehen erlebte, macht Angst, macht traurig, macht zornig, macht froh. Diese Gefühle erlebt das Kind im Rollenspiel wieder und verarbeitet sie so. Rollenspiel ist aber nicht nur Nachbereitung und Verarbeitung beispielsweise des Cowboy-Films im Fernsehen, es enthüllt auch verborgene Bedürfnisse und Wünsche. «Mein Sohn genießt das Gefühl, daß ich Angst vor ihm habe», meint Jonas' Mutter. «Der weiß doch gar nichts vom Krieg.»

Waffen vermitteln Machtgefühl. Ist das so grundlegend anders bei Erwachsenen? Manchmal wollen Kinder andere bestrafen, quälen und sogar in der Phantasie töten. Töten heißt in diesem Alter noch: Du bist ausgeschaltet, du kannst dich nicht mehr bewegen, du bist keine Gefahr mehr für mich. Fehl am Platz sind dann Moralpredigten, wie: «Das sagt man nicht. Das ist etwas Schreckliches.» Sie rufen Schuldgefühle hervor, die das Kind nicht verstehen kann.

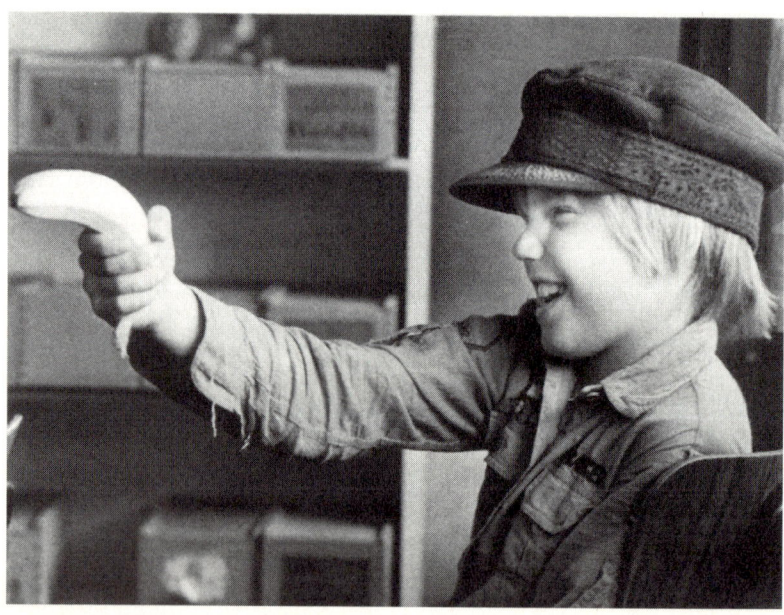

«Mit einer Banane kann ich dich auch totschießen»

Auch «liebe» Puppen können «böse» sein

Kinder können auch mit «lieben» Puppen Aggression und Angst inszenieren. Mädchen zeigen das Spiel mit «weiblichem» Rollenspielzeug. Über einen längeren Zeitraum spielte meine Tochter im Alter von sieben bis acht Jahren mit ihren Freundinnen «Entführte Kinder». Die Geschichte, soweit ich sie in Bruchstücken mitbekam, handelte von entführten Kindern, die sich dann aber befreien konnten und auf eine dramatische Flucht begaben. Eingesetzt wurden dazu alle vorhandenen Puppen, auch mal die Playmobilausstattung. Aus Sesseln, Kissen und Decken wurde dazu eine Landschaft mit Bergen, Höhlen und Tälern gebaut. Ein anderes Mal waren es Barbie, Ken und die Kuscheltiere, die sich auf Flucht und Verfolgungsjagd begaben. In unserem Wochenendhaus schließlich brauchten die Kinder keine Puppen, sondern spielten selbst, da es dort einen großen Garten mit Versteckmöglichkeiten, Schuppen und Grube gab. Worin die Bedrohungen und Gefahren im einzelnen bestanden, weiß ich nicht, wichtig waren jedoch der Zusammenhalt der Kindergruppe und das glückliche Ende, die Rettung im Elternhaus.

Ich meine, diese Geschichte hatte realistische Elemente. Mit Schulbeginn begann für die Kinder ein Abschnitt neuer Selbständigkeit. Schulische Anforderungen, der Schulweg, die Erlaubnis, allein den Stadtteil zu erkunden, sind bedrohlich, machen Angst, man kann aber damit zurechtkommen, wenn man nicht allein ist. Geschwister und gleichaltrige Freunde sind wichtig, wenn man ohne Eltern zurechtkommen will. Oft vermißt man die Eltern, aber es ist gewiß, daß man ein Zuhause hat.

Im Rollenspiel wählt das Kind gute und böse Rollen, kann sich so identifizieren und abgrenzen, es führt Regie und kann den Lauf der Dinge bestimmen: «Und der Vater täte jetzt rausgehen, und dann schimpft er mit dem Kind …», und man kann die Dinge korrigieren: «So, nein, so nicht.» Es liegt nahe, daß Kinder seelische Belastungen und Gewalterfahrungen spielend verarbeiten. Spieltherapeuten ermutigen Kinder dazu, negative Gefühle im Spiel zu bearbeiten.

Macht erzeugt Wut

Wieso aber spielen Kinder, die liebevolle Eltern haben und die wenig fernsehen, trotzdem mit Action-Figuren Totschießen und Feinde-Vernichten?

Ich glaube, das ist nicht nur Nachahmung. Verbote und Einschränkungen werden von Kindern oft genug als Gewalt empfunden. Und zwar im wörtlichen Sinne: Du zwingst mir deinen Willen auf, weil du mächtiger bist. Da braucht keine Hand auszurutschen, da braucht kein lautes Wort gesprochen zu werden, da genügt der Satz: «Jetzt ist Schluß, das wird jetzt so gemacht!» Wenn der Appell an die Einsicht nicht ausreicht, löst das Wut aus. Was für Eltern Sachzwänge sind oder einfach die Vernunft gebietet, ist aus kindlicher Sicht Willkür. Kinder zeigen uns, daß positive und negative Gefühle nah beieinander liegen.

Raufen und Toben – Kinder brauchen spielerische Aggression

Morgens zwischen acht und neun ist die Bringzeit im Kindergarten. Weil die Kinder nach und nach kommen, ist erst mal ein großer Gruppenraum die Anlaufstelle. Zwei Erzieherinnen sitzen am Tisch und besprechen den Tag, zwischendurch werden die Kinder begrüßt. Einige Mädchen malen auf dem bereitliegenden Papier, andere Kinder beschäftigen sich in den Ecken. Hinter dem Rücken der Erzieherin Claudia entwickelt sich folgende Szene. Alexander breitet die Arme aus und düst mit lautem Flugzeuggeräusch kreuz und quer durch den Raum. Nach kurzer Zeit nimmt Robert von einer anderen Ecke des Raums dieses Spiel auf. Zunächst drehen die beiden für sich einige Runden. Dann wird das Spiel lauter. Die beiden Flugzeuge sausen haarscharf aneinander vorbei, ohne sich zu berühren; sie nähern sich auch immer wieder den Tischen, vermeiden jedoch in letzter Sekunde, die malenden Mädchen anzurempeln. Dann stoßen die beiden Jungen mit lauten Krachgeräuschen zusammen und schreien Brroing – Absturz. Claudia steht abrupt auf und ruft: «Hört ihr jetzt sofort auf zu Toben! Merkt ihr denn gar nicht, daß ihr die anderen stört? Bitte geht wieder in die Bauecke, bis wir frühstücken.»

Szenen wie diese beobachte ich häufig in Kindergärten. Es stimmt, die Räume sind oft – wie in diesem Fall auch – nicht für solche Tobe-Spiele eingerichtet. Regale und Tischgruppen, genau abgegrenzte Puppen-, Bau- und Kuschelecken bieten wenig Freifläche für spontane, bewegungsintensive Aktivitäten. Räume lassen sich verändern – aber vielleicht ist die Enge sogar ein Anreiz, geschickt mit Hindernissen umzugehen. Kinder werden wie Alexander und Robert aber nicht nur dann zur Ordnung gerufen, wenn die Erzieherin einen empfindlichen Tag hat. Viele Erwachsene – Eltern und Pädagogen – meinen, «sinnloses Herumtoben» könne nur eskalieren und ende immer mit Hauen und Tränen. Selbst im Freien, und wenn genügend Platz vorhanden ist, werden Kinder deshalb oft ermahnt.

Rauf-, Kampf- und Balgspiele sind Lebensschule

Finden Sie balgende Katzenbabys und Hundewelpen nicht auch so süß? Stehen Sie mit ihren Kindern auch gerne vor dem Affenfelsen im Zoo und vergnügen sich am Spiel der Affenkinder?

Die vergleichende Verhaltensforschung untersucht Gemeinsamkeiten im Verhalten von Tier und Mensch. Bei der Beobachtung spielender Kinder fanden die Forscher heraus, daß – wie bei den Jungtieren – auch Kinder oft lustvoll miteinander balgen, raufen und kämpfen, ohne daß es zu Verletzungen kommt.

Kinder können also bereits von sich aus zwischen spielerischer und ernsthafter Aggression unterscheiden, wie die Beispiele dieses Kapitels zeigen. Es sind eher die Erwachsenen, die beides gleichsetzen.

Woran erkennt man als Eltern oder Erzieherin, ob alles nur ein Spiel ist? Die Verhaltensforscher beschreiben typische Merkmale: Tritte, Griffe und Umklammerungen sind so dosiert, daß ernsthafte Verletzungen vermieden werden. Die Angreifer- und Verfolgerrollen wechseln, die Kinder achten darauf, daß das Kräftegleichgewicht gewahrt bleibt. Die Kinder lachen zwischendurch auch mal und lassen voneinander ab, um dann zu einer neuen Runde loszulegen. Der gemeinsame Spaß entsteht auch aus der Dauer des Spiels bis zu einer gewissen Erschöpfung (vgl. Gamber 1989).

Zurück auf die Bäume, das kann's doch nicht sein, denken Sie vielleicht, wozu hat die menschliche Gattung die Vernunft entwickelt? Verhaltensforscher fanden heraus, daß Raufspiele keineswegs «sinnloses Toben» sind, sondern wichtig für Lernen und Entwicklung. Sie dienen als Übungs- und Trainingseinheiten für Motorik und Koordination. Alexander und Robert müssen ganz schön geschickt sein, um den vielen Hindernissen auszuweichen und sich nicht weh zu tun. Durch den Wechsel von Anspannung und Entspannung (wenn sie vom Toben erschöpft sind) lernen die Kinder, ihren Energiehaushalt selbst zu regulieren. Eine weitere Funktion besteht in der Festlegung von Rangordnungsbeziehungen in einer Gruppe. So brauchen insbesondere gleichstarke und gleichaltrige Jungen immer mal wieder das Kräftemessen.

Raufspiele sind Rollenspiele

Ein weiteres Beispiel aus der Grundschule: «Kleine Pause auf dem Flur. Berin und Jens boxen und treten sich abwechselnd, wobei sie den ganzen Gang ausnutzen … Manchmal lacht Berin, und manchmal schreit sie Jens wegen eines härteren Schlags an und revanchiert sich mit einem besonders harten Tritt. Jens grinst die ganze Zeit, seine Taktik besteht darin, seine Schläge nicht so stark werden zu lassen, daß das Spiel aufhört, aber doch immer wieder weh zu tun, den folgenden heftigen Tritten von Berin aber so weit

Kinder müssen manchmal auftrumpfen

auszuweichen, daß sie zwar treffen, aber nicht schmerzen. So hält er Berin am Weitermachen» (Krappmann 1994, S. 120). Berin und Jens genießen das Spiel an der Grenze zwischen Spaß und Ernst.

Für manche Kinder scheint das Vergnügen um so größer zu sein, je schmaler der Grat ist, auf dem sie sich bewegen. Rauf- und Tobespiele leben von Rollen, die sich gegenseitig bedingen und auch mal umkehren lassen. Fangen und jemand auf Distanz halten, in ein Revier eindringen und es verteidigen, Barrieren überwinden, sich verteidigen, jemand überwältigen und Widerstand leisten, ein Versteck entdecken, jemand auf die falsche Spur locken, einem Verbündeten beistehen, trickreich sein, jemand anstiften, etwas zu tun, widerstehen … Besonders lustvoll sind offene Situationen, in denen die Rollen sich innerhalb von Sekunden umkehren, aus dem Jäger wird ein Gejagter, aus dem Gefangenen ein Freier. Kinder, die dafür ein Erprobungsfeld haben, lernen die eigene Kraft einzuschätzen und zu dosieren, den anderen zu beobachten und seine Mimik und Gestik zu interpretieren. Warnsignale auszusenden, wenn es zuviel wird. Und sie lernen noch etwas Wichtiges: daß nicht nur aus Spiel Ernst werden kann, sondern sich auch umgekehrt eine Situation wieder entschärfen läßt. Ein großes Repertoire an Verhaltensweisen, die wir auch als Erwachsene brauchen und die sich Kinder beim Räuber-und-Gendarm-Spiel so nebenbei aneignen. Spiel ist eben auch Persönlichkeitsentwicklung.

Wenn es dabei je nach Temperament manchmal recht rauh zugeht, können dies vor allem Frauen schwer ertragen. Vielleicht liegt das daran, daß Mädchen sich weniger an Raufkämpfen beteiligen und Frauen dann später die Erfahrung fehlt, daß Raufen auch Spaß machen kann. Die Kampfspiele von Jungen im Vorschulalter dauern länger und sind komplexer. Dies ist übrigens in ganz unterschiedlichen Kulturen festgestellt worden, hängt also nicht nur vom Vorbild und den jeweiligen Erziehungspraktiken ab (vgl. Gamber 1989).

«Beißhemmung» lernen

Laute und bewegungsintensive Rauf- und Tobespiele werden in unserer wenig kindgerechten Umwelt immer mehr verdrängt. Damit wird auch die spielerische Aggression, die zu diesen Aktivitäten gehört, verdammt. In vielen Veranstaltungen diskutiere ich mit Eltern und Erzieherinnen, weshalb Kinder heute «weniger Hemmschwellen» haben und scheinbar gefühllos noch dann zutreten, wenn sich der andere gar nicht mehr wehrt. Viele Experten sind der Meinung, daß diese Hemmschwellen auch durch die Feinabstimmung der Raufspiele erworben werden. Die berühmte «Beißhemmung» – wieder ein Begriff aus dem tierischen Kampfverhalten – zeigt, daß jemand seine Impulse unter Kontrolle hat und die Grenzen des anderen akzeptiert. Die oft recht derben Raufspiele sind Aggressionsrituale, die den Kindern gesellschaftlich akzeptierte Möglichkeiten zeigen, Aggressionen auszuleben. Wo sie fehlen, kommt es zu eher destruktiven Ausbrüchen. Manche Kinder sind raufängstlich, weinen oder ziehen sich zurück. Nun sind Menschen unterschiedlich, und die Aufforderung «Wehr dich doch» verunsichert ein ängstliches Kind eher noch mehr.

1. Spielen Sie bereits mit Babys und Kleinkindern bewegungs-intensiv. Durch Balgen und Toben, Fangen und Verstecken ent-wickelt Ihr Kind ein positives Körperbewußtsein und Stärke-gefühl. Und in solchen Spielen lernen die Kinder ganz nebenbei Regeln und Grenzen. Überlassen Sie deshalb das Toben nicht nur den Vätern am Samstagnachmittag.

2. Rauf- und Kampfspiele leben vom gemeinsamen Spaß der Beteiligten. Wenn einer aussteigt, ist das Spiel zu Ende. Achten Sie als Zuschauerin deshalb darauf, ob die Kinder diese Balance einhalten und die Grenzen des anderen und eventuelle Signale zum Aufhören beachten. Wenn Sie eingreifen, tun Sie dies kurz und direkt und sagen Sie den Kindern, warum: «Ich habe Angst, daß Ihr euch weh tut!» oder «Mir ist das jetzt zu laut.» Zaghafte Bitten oder nörgelnde Kommentare überhören die Kinder in ihrem Eifer sowieso.

Manchmal lassen sich Raufspiele auch gut spielerisch been-den, zum Beispiel, indem die Düsenjets von Alexander und Ro-bert vom Tower zum Landen aufgefordert werden, weil der Bordcomputer untersucht werden muß. Diese Untersuchung (Massage-Klopfen auf dem Rücken der Jungen) ergibt dann, daß die Flugzeuge in der Werkstatt bleiben müssen.

3. Sprechen Sie mit anderen Eltern und Erzieherinnen über den Bewegungsdrang Ihrer Kinder. Messen Sie Betreuungsein-richtungen daran. Eine Kindertagesstätte in Brandenburg hat in ihrer Konzeption folgenden Satz stehen: «Jedes Kind hat das Recht, laut zu sein, zu schreien, zu rennen und zu lärmen.»

Kapitel 10
Anders spielen – aber wie?

Anders spielen heißt ein Stück weit auch: «Anders leben mit Kindern.» Dies ist ein hoher Anspruch. Gewaltfrei spielen setzt Bedingungen voraus, für die wir Erwachsenen sorgen müssen.

Anders spielen heißt für mich vor allem, die Bedeutung von Spielwaren zu relativieren und eine spielfreundliche Umwelt zu schaffen. Dazu gehört, die Bedürfnisse der Kinder nach Bewegung, sinnlichen Erfahrungen mit verschiedenen Materialien, nach Kommunikation und Teilnahme an der Welt der Erwachsenen zu erfüllen. Spielzeug muß dann nicht mehr Ersatz sein. Ich erlebe, wie anders meine Tochter in unserem Wochenendhaus auf dem Land spielt als in ihrem Kinderzimmer in der Stadt. In der Stadt kommen die Kinder jeden Tag nach der Schule an einem Supermarkt und einem Zeitungskiosk vorbei, die bieten Comics, Süßigkeiten, Klebebilder zum Taschengeldpreis. Selbstverständlich ist eine kinderfreundliche Umwelt nicht nur von Eltern und Familien zu verwirklichen. Sehr viel müßte sich ändern, in der Stadt- und Verkehrsplanung, in der Arbeitswelt, in der Schule und anderen Einrichtungen für Kinder. In der Öffentlichkeit werden oft die Eltern für die «immer aggressiveren, unzufriedenen, quengelnden Kinder» verantwortlich gemacht, mangelnde Zuwendung heißt es da, sei die Ursache. Lassen Sie diesen Vorwurf nicht auf sich sitzen. Setzen Sie sich für Veränderungen ein! Trotzdem können Sie nicht warten, bis in der Nähe Ihrer Wohnung ein Abenteuerspielplatz, eine Jugendfarm, ein Begegnungszentrum und ein Treffpunkt entstanden ist und die Straßen verkehrsberuhigt sind. Vielleicht helfen Ihnen meine Hinweise, in Ihrem Nahbereich etwas zu ändern.

Was Kinder zum Spielen brauchen

In der Wohnung brauchen Kinder einen Spielplatz mit verschiedenen Materialien zum Bauen, Höhlenbauen, Experimentieren, Verkleiden, Schminken, der nicht jeden Tag aufgeräumt werden muß. Draußen brauchen sie Möglichkeiten, vielseitig zu spielen und mit verschiedenen Materialien umzugehen. Wenn Sand, Wasser, Pflanzen, Freiraum im Überfluß da sind, heißt es auch seltener: «Das ist meins!» Die Natur gehört allen.

Anders spielen setzt Freiräume für unbeaufsichtigtes Spiel voraus. Geheimnisse, Mutproben, Banden sind Teil davon. Meine Familie wohnt am Stadtrand in einer langweiligen Neubausiedlung. Dahinter erstreckt sich ein Niemandsland, das zum Glück bis jetzt nicht bebaut wurde, weil es schon zur Nachbargemeinde gehört. Dort gibt es noch Gestrüpp und Buschwerk. Da es nicht kultiviert ist, beschwert sich auch niemand, wenn dort mal Feuer gemacht wird. Bei Regen bilden sich tiefe Pfützen und Matsch in den unebenen Trampelpfaden. Es ist gut, wenn Kinder ihre Treffpunkte nicht nur in Geschäftspassagen oder Garageneinfahrten haben. Auch Kindergärten, zunehmend sogar Schulen, denken um. Außenflächen werden entsiegelt, die Kinder erhalten die Erde zum Bauen und Matschen zurück, standardisierte Spielgeräte verschwinden. Wenn Eltern und Erzieherinnen sich einig sind, müssen Kindereinrichtungen keine sauberen, langweiligen Zonen sein, können Bäumeklettern und andere Gefahren – die Spaß machen – dazugehören. Anders spielen heißt für mich auch: Spielen ohne vorgegebenen Leistungsdruck. Aus der Sorge, Kinder lernten nicht genug oder das Falsche, hat sich teilweise eine «Einmischungspädagogik» entwickelt, die jedes Spiel kontrolliert. Wenn Kinder ihre Emotionen im Spiel frei äußern können, sind auch sozial unerwünschte Gefühle dabei. Diese aber verleugnen zu müssen, bedeutet neuen Druck, der wieder zu Wut führt und damit gerade das verstärkt, was uns Erwachsenen nicht gefällt. Wenn wir als Eltern oder Pädagogen mit Kindern spielen, sollten wir auf Spiele achten, die kein von uns vorgegebenes Ziel oder Verhalten in den Vordergrund

Beim Bauern kann man so richtig toben

stellen. In Spielen mit Material oder mit dem Körper können wir Erwachsenen von den Kindern lernen, da sie sich unverkrampfter und spontaner verhalten.

Eine Gegenwelt zum Alltag schaffen

Je mehr Kinder aus unseren Lebensbereichen in «Kindergettos» hinausgedrängt werden, in denen unter Aufsicht «sinnvoll» gelernt und gespielt werden soll, desto stärker wird ihr Bedürfnis, über Konsum und Medien Anschluß zu finden an die Welt draußen, so Zusammenhänge herzustellen, die Sicherheit und Orientierung bieten. Schon Siebenjährige haben oft einen stark strukturierten Alltag. Schule, Hausaufgaben, Freizeit, Hilfen im Haushalt, die tägliche Fernsehserie, Verabredungen. «Weißt du eigentlich, wie lange ich arbeite?» fragt meine Tochter und begründet so ihr Recht auf Abschlaffen. Auch die Drei- bis Fünfjährigen mit vollem

«Terminkalender» sind heute keine Seltenheit mehr. Ein kleiner «Aktionsradius», viele Verbote und Einschränkungen, eine anregungsarme Umgebung bewirken Quengeln, Unruhe, zufällige und absichtliche Aggressionen.

Vielseitige Spielerfahrungen ohne Spielwaren machen Kinder unabhängiger von ständig neuen Angeboten. Für Kinder, die die Fähigkeit bewahren, Spiele aus ihrer Phantasie zu erfinden, mit Alltagsgegenständen und zufälligen Dingen zu spielen, werden auch Monster und Pistolen nur zeitweilig interessant sein. Als Gegengewicht zur Konsumwelt können wir emotionale Werte stärker ins Bewußtsein rücken, vor allem Gemeinsamkeit, z. B. bei einer Radtour zu einer geheimnisvollen Höhle, einem gemeinsam vorbereiteten Geisterfest oder einer Übernachtung im Heuschober eines Bauernhofs.

«Sei doch kein Spielverderber!»

Verlieren ist ganz schön schwer! Man kann so richtig sauer dabei werden. Dies zeigt mir meine Tochter, wenn wir «Mensch ärgere dich nicht» spielen. Die Regeln sind ja schnell erlernt. Aber schon mit dem Rausschmeißen fängt es an. «Woll'n wir nicht heute ohne Rausschmeißen spielen?» fragt sie. Das sehe ich gar nicht ein. Regel ist Regel. Bei der nächsten Sechs überlege ich schon: Was kann ich ihr zumuten? Ich habe schon so viele Sechsen gewürfelt, eigentlich ist Franziska ohne Chance. Häufig gab sie dann schon auf: «keine Lust mehr.» Oder es folgte ein Wutausbruch oder der Versuch, durch Schummeln eine höhere Augenzahl zu bekommen.

Kann mein Kind nicht verlieren? Mache ich etwas falsch, daß es immer gewinnen will? Bei solchen Fragen übersehen wir, daß Spiele für Kinder eine viel größere Bedeutung haben als für Erwachsene. Für mich ist Spielen eine Freizeitbeschäftigung unter vielen, für Kinder ist sie die wichtigste Beschäftigung, eigentlich die einzige. Eine Möglichkeit ist, daß jedes Kind Abänderungen der

Regeln vorschlagen darf. Dabei kommt etwas sehr Witziges heraus: z. B. eine Belohnung für den Verlierer. Wird ein Kind, das verloren hat und sauer ist, dafür auch noch gehänselt und beschimpft, bestätigt sich die Erfahrung: Verlieren ist schlimm und bringt Ablehnung. Sehen Sie es deshalb mal andersrum: Regeln verändern bringt neuen Spielspaß. Und dann wäre derjenige, der nicht bereit ist, sich darauf einzulassen, der Spielverderber. Übrigens kann Franziska inzwischen besser verlieren, manches erledigt sich eben mit der Zeit von selbst!

Beim Spielen entsteht oft Streß wie im «richtigen Leben», eben dann, wenn es um Leistung, Beliebtheit, Ausgeschlossen-Sein geht. Dies können wir Kindern sicher nicht ersparen. Es gehört zu den Grunderfahrungen unserer Gesellschaft. Doch neben dem Sich-Messen und Sich-Vergleichen brauchen Kinder auch die Erfahrung, durch gemeinsame Anstrengung – also Kooperation – eine Aufgabe zu bewältigen. Achten Sie deshalb beim gemeinsamen Spiel auf eine gute Mischung aus Kooperation und Wettbewerb.

77 Spielideen

Die vorgestellten Spiele habe ich nach folgenden Kriterien ausgewählt:
– Sie ermöglichen intensive Erlebnisse ohne Spielzeug.
– Die Kinder können dabei ihr eigenes Erleben ausdrücken, statt sich an Rollenklischees zu orientieren.
– Aggressive Gefühle, Kräftemessen und Kämpfe werden nicht tabuisiert. Die Kinder drücken in diesen Spielen jedoch ihr eigenes Erleben aus und orientieren sich nicht an Rollenklischees.
 Ich habe jeweils die Mindestzahl der Mitspieler, benötigte Materialien und mögliche Spielorte angegeben – jedoch sind Ihrer Phantasie dabei keine Grenzen gesetzt. Probieren Sie selbst

Varianten aus. Auf Altersangaben habe ich verzichtet. Viele Spiele lassen sich dem Alter entsprechend abwandeln. Finden Sie durch Beobachtung und im Gespräch mit den Kindern heraus, ob die in den Spielen angesprochenen Themen schon «dran» sind.

Sinn-voll spielen

Wir haben fünf Sinne, gebrauchen allerdings zu achtzig Prozent den Augen-Sinn. Wir sind gewohnt, daß Gegenstände und Waren optisch «aufgemotzt» sind und so einen Reiz bilden, dem wir nicht widerstehen können. Ganz nebenbei gewöhnen wir Kinder daran mit «Guck mal wie lustig …» und «Ihh, schnell weg, wie riecht's denn hier». Babys und kleine Kinder erkunden die Welt aber noch mit allen fünf Sinnen, alles wird erst mal geschmeckt, betastet, berochen (s.a. Mönkemeyer 1988). Wir können versuchen, Kindern diese Neugier zu erhalten.

1 Tastkisten
Mitspieler: 1 oder mehrere
Material: ein Karton, ein Beutel oder eine Decke, beliebiges Spielzeug und Haushaltsgegenstände zum Tasten
Spielort: drinnen und draußen
Tasten ist spannend, man kann ganze Nachmittage damit füllen. Versuchen Sie mal (auch mit ganz kleinen Kindern): Spielzeug tasten und raten (unter einer Decke), Gegenstände tasten (aus dem Haushalt), dabei auch ungewöhnliche Gegenstände nehmen, die Irritationen auslösen, z.B Sandpapier, Muschelschalen

2 Zwei- und vierhändig tasten
Mitspieler: 2 oder weitere Paare
Material: verschiedene Gegenstände zum Tasten, eine Decke oder eine Kiste (mit Löchern zum hineingreifen)
Spielort: drinnen und draußen

Zwei oder mehr Kinder sitzen sich gegenüber und ertasten unter einer Decke oder durch die Öffnungen einer Kiste Gegenstände.

3 Variation zwei- und vierhändig tasten
Mitspieler: 2 oder weitere Paare
Material: Gegenstände zum Zusammensetzen, z.B. Schraubglas und Deckel
Spielort: drinnen und draußen
Unter einer Decke liegen zwei zusammengehörende Teile, die zwei Mitspieler zusammensetzen müssen, z.B. Schraubglas und Deckel, Bleistift und Spitzer

4 TastKim
Mitspieler: 1 oder mehrere
Material: Haariges, Stacheliges, Borstiges, Rauhes, Glattes etc.
Spielort: drinnen und draußen
Kinder sind manchmal fasziniert von «ekligen» Materialien. Verbinden Sie eine spannende Geschichte mit dem Reiz, etwas Unsichtbares zu berühren. Sammeln Sie verschiedene Stoffe und Materialien (Haariges, Stacheliges, Borstiges, Rauhes, Glattes usw.). Diese werden in einen Schuhkarton gelegt oder geklebt. Im Rahmen einer Abenteuergeschichte oder eines Action-Spiels kann es eine Mutprobe sein, die Hand durch eine Öffnung in den Karton zu stecken: «Vorsicht, in dieser Höhle soll sich ein Ungeheuer versteckt halten! Wer traut sich, es anzufassen?»

5 Riech-Schmeck-Tast-Labyrinth
Mitspieler: 2 oder mehrere
Materialien: ein langes Band, verschiedene Gegenstände zum Riechen und Fühlen
Spielort: drinnen und draußen
An einem Band, das quer durch den Raum oder von Baum zu Baum gespannt ist, hängen verschiedene Gegenstände, die besonders riechen, sich komisch anfühlen (z.B. Kastanie in der Stachelhülle, Seife, Schwamm, Rinde, Küchensieb, Zitrone, Knoblauch, Fell,

Bienenwachs, Schuhputzleder, Parfum, Gewürze usw.). Den Kindern werden die Augen verbunden, und sie fühlen und riechen an den Gegenständen. Ein Erwachsener oder ein Kind kann dazu eine spannende Geschichte erzählen. Zum Beispiel: Eine Prinzessin oder ein Prinz sucht seine Liebste, die in ein Tier verwandelt ist, und muß dafür verschiedene Prüfungen bestehen. Ich habe mich dabei übrigens von den spannenden Erlebnissen Michael Endes «Unendlicher Geschichte» anregen lassen.

6 Das Ding aus dem All
Mitspieler: mindestens 4
Material: ein großes Tuch, ein Gegenstand zum Fühlen, z. B. nasse Seife, geschälter Apfel, Zahnstocher
Spielort: drinnen und draußen
Wir sitzen im Kreis und haben ein Tuch über Hände und Arme gedeckt. Unter dem Tuch wird nun ein ungewöhnliches Ding herumgereicht. Dazu wird eine spannende Geschichte erzählt. Es fühlt sich komisch an: ein Stück nasse Seife, ein geschälter Apfel, ein Zahnstocher usw. Jeder, der mag, beschreibt das Ding, ohne den Namen zu nennen.

7 Hören: Geräuschexperimente
Mitspieler: 1 oder mehrere
Materialien: Kassettenrecorder mit Mikrofon, leere Kassette, Gegenstände, z. B. Topf, Schlauch, Papprolle, Zeitungs- oder Packpapier, spitze Gegenstände, Metallschüssel
Spielort: drinnen
Mit dem Kassettenrecorder fürchterliche Geräusche aufnehmen, die sich gut für Rollenspiele und Spiele mit Action-Figuren eignen. Probieren Sie z. B. aus: verzerrte Stimmen (mit den Händen vor dem Mund einen Hohlraum bilden, einen Topf vor den Mund halten, Töne durch einen Schlauch oder eine Papprolle machen), Zeitungs- oder Packpapier zerknüllen, mit spitzen Gegenständen auf Metall kratzen …

8 Die Kinder aus der Krachmacherstraße

Mitspieler: 2 oder mehrere
Material: Luftballons, Töpfe, Eimer, evtl. weitere Gegenstände, um
Geräusche zu erzeugen
Spielort: drinnen
Geräusche selbst erzeugen und dann andere raten lassen, die hinter
einem Vorhang stehen. *Luftballongeräusche:* Luftballons aufbla-
sen, die Öffnung zusammendrücken und wieder auseinanderzie-
hen. Zwei Ballons aneinanderreiben. Mit Zähnen den Ballon bear-
beiten. Den aufgeblasenen Ballon nicht verknoten, sondern die
Luft geräuschvoll rauslassen.

Topfecho: Verschiedene Töpfe und Eimer, in die man Huuuuu
oder anderes hineinruft, machen unheimliche Geräusche.

Topfdeckel machen
herrlich viel Krach

9 Regensturm

Mitspieler: 2 oder mehrere
Material: keines
Spielort: drinnen

Große dunkle Regenwolken ziehen auf! Wenn wir ganz leise sind, hören wir den Wind in den Bäumen rauschen – reiben Sie die Handflächen aneinander, die Kinder machen es nach. Jetzt hören wir die ersten Regentropfen – schnippen Sie mit den Fingern, erst ein Kind, dann ein zweites und so weiter. Der Regen wird immer doller, einer nach dem anderen klatscht die Hände auf die Schenkel, immer schneller. Schließlich ein großer Regensturm, wir stampfen mit den Füßen auf den Boden – der Regen prasselt. Nach und nach legt sich der Sturm vom Fußstapfen, Schenkelklopfen, Fingerschnippen zum Händereiben. Stille. Noch schöner mit geschlossenen Augen.

10 Dosenschlange

Mitspieler: 1 oder mehrere
Material: leere Dosen, Dosenöffner, Band oder Schnur evtl. Schere
Spielort: drinnen und draußen

In leere Dosen mit dem Dosenöffner Löcher bohren. Vorsicht, scharfe Kanten und Ecken vermeiden. Ein Band durch die Löcher stecken und so verknoten, daß eine Schlange entsteht, die herrlich scheppert und Krach macht …

11 Mit den Füßen fühlen

Mitspieler: 1 oder mehrere
Materialien: Schüsseln, Kartons, verschiedene Naturmaterialien zum Reinfüllen, wie z.B. Sand, Wasser, Gras, Blätter, Erde, Kieselsteine
Spielort: eher draußen

Plastikschüsseln werden mit verschiedenen Materialien gefüllt, z.B. Sand, Wasser, Gras, Blätter, Erde, Kieselsteine. Die Kinder schließen die Augen, stellen die Füße in eine Schüssel und raten, was drin ist. Dazu kann man eine spannende Geschichte erzählen: «Und um den

Schatz zu finden, mußte die Bande eine weite und gefährliche Reise machen. Zuerst kamen sie in den Wald, dort war es so dunkel, sie sahen nicht mehr, wohin man trat. Der erste Räuber machte einen Schritt vorwärts und flüsterte dann dem zweiten zu …»

Den Körper erfahren

Kleine Kinder erfahren die Welt noch mit dem ganzen Körper. Gefühle wie Wut, Zärtlichkeit, Freude, Traurigkeit drücken sie spontan aus, z. B. als Freudentanz oder wütendes Stampfen. Im Kindergarten und viel mehr noch in der Schule müssen die Kinder sich eher zurücknehmen. Und wenn Kinder fernsehen oder Kassette hören, mahnen Eltern häufig: «Sitz still, sei ruhig.» Obwohl Kinder von sich aus eher in Mimik und Gestik «mitgehen», also Schreien, Rennen, Hopsen, fordern Erwachsene Körperkontrolle (vgl. Rogge 1990). Dagegen ist bei den Fernsehhelden ununterbrochen Action, sie fliegen z. B. durch die Luft und überspringen Hindernisse, und wenn sie mit der Faust irgendwo hintreffen, kracht es.

Sicher ist die Faszination von Comics-Helden auch auf deren ungebrochene Körperlichkeit zurückzuführen, auf die Möglichkeit, alles machen zu dürfen, was Kinder normalerweise nicht dürfen. Den Körper zu erfahren ist für mich ein wesentlicher Baustein sinnvollen Spielens.

12 Ich bin mein Körper
Mitspieler: 1 oder mehrere
Material: keines
Spielort: drinnen und draußen
Es macht Spaß, den ganzen Körper mal richtig durchzuschütteln. Welche Geräusche können wir mit dem Körper machen? Zum Beispiel mit dem Mund: schmatzen, schnalzen, summen, zähneknirschen. Und mit den Füßen und den Händen? Mit dem Bauch? Dem Po?

13 Massagen

Mitspieler: zu zweit oder mehreren
Material: eine kuschelige Decke, eine Feder
Spielort: drinnen und draußen

Kinder lieben Körperberührung, Kuscheln, Zärtlichkeit. Das Kind schließt die Augen. Mit einer Feder ganz sanft über das Gesicht fahren. Dann die Hände benutzen, zunächst nur die Fingerspitzen, anschließend berühren die Handflächen und die Finger das Gesicht, die Stirn, den Nacken kräftiger. Oft münden solche Spiele in eine Kitzelorgie, aber das macht ja nichts! Genauere Anleitungen für Massagen finden Sie in rororo 18597: «Sanfte Massagen für Babys, Kinder und Eltern».

14 Muskeln spielen lassen

Mitspieler: 2 oder mehrere Paare
Material: keines
Spielort: drinnen und draußen

Die Kinder sollen ihre eigenen Muskeln ertasten, lösen und anspannen. Wo haben wir überall Muskeln am Körper? Wo haben wir große Muskeln und wo kleine Muskeln? Manche kleinen Künstler können vielleicht sogar mit den Ohren wackeln oder eine Augenbraue hochziehen. Manche machen sich auch einen Spaß daraus, den muskelbepackten He-Man zu veralbern, indem sie mit angehaltener Luft und geschwellten Muskeln vor Kraft kaum laufen können. Vielleicht organisieren Sie ja auch eine witzige Wahl zum Mr. oder zur Mrs. Universum.

15 Tonklumpen und Töpfer

Mitspieler: 2 oder mehrere Paare
Materialien: keines
Spielort: drinnen oder draußen

Einer ist der Tonklumpen, der andere der Töpfer. Die Töpfer haben die Aufgabe, daraus etwas zu formen. Zuerst wird der Ton mal richtig durchgeknetet und zusammengemanscht! Dann wird die Form hergestellt. Später Wechsel.

16 Wettermassage

Mitspieler: 2 oder mehrere
Materialien: keine
Spielort: drinnen und draußen

Mehrere Kinder können sich hintereinanderstellen, die Hände auf den Schultern des vorderen Kindes. Nun fängt es an zu regnen, erst ein paar Tropfen, dann immer stärker, bis ein riesiger Wolkenbruch niedergeht.

Nun sollen sich die Kinder zu Paaren finden. Jetzt fallen Sonnenstrahlen ganz zart und warm auf die Haut. Wie fühlt sich das an? Ein Wind bläst über die Haut, dann kommen Donner und Blitz. Die Kinder setzen diese Vorgaben in feste oder sanfte Berührungen um.

Wilde Spiele: fair kämpfen!

Ich stelle eine Auswahl an Tobe- und Bewegungsspielen vor, darunter auch solche, mit denen sich kämpferische Phantasien ausleben lassen. Das heißt keinesfalls, Kinder wollten den ganzen Tag nur toben. Es kommt im Gegenteil auf die richtige Mischung an. Wenn Kinder sehr unruhig sind, hat es wenig Zweck, sie immer wieder zur Ruhe zu mahnen, gerade daraus entstehen Ärger und Aggressionen.

Dem Toben sollte eine ruhigere Phase folgen. Dazu lassen sich «bildliche» Motive gebrauchen. Haben die Kinder gerade ein Decken-Ungeheuer gespielt, kann der Erwachsene vorschlagen, daß es sich nun schlafen legt. Dazu setzen sich alle Kinder hin und kuscheln sich in einer Schlange aneinander. Simulieren Sie lautes Schnarchen, das fördert regelmäßiges und entspanntes Atmen.

17 Auf engstem Raum

Mitspieler: möglichst viele
Material: keines
Spielort: drinnen

Die Kinder sollen eine Gruppe bilden, die sowenig Fläche wie möglich einnimmt. Vielleicht erzählen Sie dabei von verrückten Rekordversuchen, die ins Guinessbuch Eingang gefunden haben – z.B. mit möglichst vielen Menschen in einem kleinen Auto oder in einer Telefonzelle Platz finden. Man kann mit einer größeren Fläche anfangen, die mit Kreide oder Band abgeteilt wird. Im Laufe des Spiels reduziert man diese Fläche dann zunehmend. Alternativ läßt sich eine Fläche aus Kissen erstellen, die man durch Wegnehmen verkleinert.

18 Vampirspiel

Mitspieler: mindestens 4
Material: Tücher zum Augenverbinden
Spielort: drinnen

Bei diesem Spiel darf man sich nahe kommen. Größere Kinder, die mit Vampir-Phantasien schon etwas anfangen können, haben schauerlichen Spaß daran. Wir sind alle blind. Dazu die Augen zumachen oder verbinden. Einer von uns ist der Vampir. Jeder kann nun herumgehen. Wird er vom Vampir in die Schulter gebissen, gibt er einen leisen Schrei oder Kickser von sich und ist jetzt auch ein Vampir. Beißen zwei Vampire einander, so werden sie wieder Menschen.

19 «Peng – umfallen»

Mitspieler: 3 oder mehrere
Material: keines
Spielort: drinnen (großer Raum oder Halle) und draußen

Alle Kinder laufen im Raum umher und schießen mit dem Finger in die Luft, schreien dabei laut und wild «peng» und fallen um (auf geeigneten Boden und Verletzungsgefahren achten). Auf ein vorher vereinbartes Signal (Trommeln, Klatschen) stehen alle wieder auf. Die gleichzeitige heftige Bewegung und das Schreien sind sehr lustvoll für die Kinder.

Beim Tanzen einen gemeinsamen Rhythmus finden ...

Mit Stöcken spielen

Stöcke sind Ursymbole für Kraft und Macht. Auch in der Werbung wird manchmal etwas mit einem Stab berührt und verwandelt sich. Man kann diese Rituale aufgreifen und ihnen damit das Nur-Kämpferische nehmen.

20 Mein Stab wäre jetzt ...

Mitspieler: mehrere Kinder
Material: Stöcke (draußen selbst gesucht und eventuell selbst mit Schnitzereien verziert) oder andere Stäbe aus Holz, Bambus, etc.
Spielort: drinnen und draußen
Der Stab liegt in der Mitte des Kreises. Jedes Kind, dem etwas einfällt, nimmt ihn und stellt etwas dar. Der Stab kann ein Schwert sein, ein Ruder, ein Zepter, ein Kochlöffel usw. Die anderen raten.

21 Ballons drunter und drüber

Mitspieler: macht in einer großen Gruppe (ab acht aufwärts) mehr Spaß
Material: Wasserballons
Spielort: draußen

Die Spieler stehen in einer Schlange hintereinander. Vor dem ersten Spieler befinden sich mehrere mit Wasser gefüllte Luftballons. Nun reicht der erste Spieler einen Wasserballon über den Kopf an den nächsten Spieler weiter. Dieser gibt ihn zwischen den Beinen hindurch an den nächsten, der macht wieder über den Kopf weiter und so fort. Schnelligkeit ist Trumpf. Man kann auch versuchen, die Ballons zwischen den Beinen oder über den Kopf zu werfen. Wann platzt der erste Ballon?

22 Luftballon platzen

Mitspieler: mindestens 2, besser als Mannschaftsspiel
Material: Luftballons, zwei Stühle oder Sitzgelegenheiten
Spielort: drinnen und draußen

Zerplatzende Luftballons können so zum Vergnügen werden! Zwei Spieler rennen jeder zu einem Stuhl, pusten einen daraufliegenden Luftballon auf, setzen sich auf ihn drauf und versuchen, ihn zum Platzen zu bringen. Danach läuft der Spieler zurück, der nächste beginnt.

23 Schlangenfraß

Mitspieler: mindestens 4
Material: eine große Decke oder ein Bettlaken
Spielort: drinnen und draußen

Mindestens zwei der Kinder fassen sich an den Hüften und bilden eine Schlange. Sie legen ein Tuch über sich, so daß ein Decken-Ungeheuer entsteht. Das Ungeheuer schlängelt sich durch den Raum und schnappt nach den anderen Kindern. Wer gefangen ist, wird «einverleibt», d. h. er gehört auch zur Schlange. Wenn die Schlange lang genug ist, kann der Kopf des Ungeheuers versuchen, seinen eigenen Schwanz zu fassen.

24 Löwenjagd

Mitspieler: mindestens 2
Material: langes Band oder Seil
Spielort: drinnen und draußen

Die Spieler bilden Paare. Ein Spieler steckt sich ein Seil oder ein Band hinten in die Hose, das Ende läßt er wie einen Schwanz herunterhängen. Auf ein Signal hin jagt der Partner hinter ihm her und versucht, auf das Schwanzende zu treten. Dann wechseln. Man kann auch einen Luftballon hinten an das Seil dranhängen!

25 Schlangengrube

Mitspieler: 2, 4 oder weitere Paare
Material: Reifen oder Kreide, um einen Kreis zu zeichnen
Spielort: drinnen und draußen

Zwei Kinder stehen um einen Hula-Hoop-Reifen oder einen Kreidekreis. Sie halten sich an den Händen und versuchen, durch Ziehen und Drücken das jeweils andere Kind in die Schlangengrube zu bekommen.

26 Variation für eine größere Gruppe

Mitspieler: 4 oder weitere Paare
Material: ein fest verknotetes Seil
Spielort: drinnen und draußen

Die Kinder stehen im Kreis und halten ein fest verknotetes Seil. Die Kinder ziehen nach Kräften am Seil und versuchen, die Gruppe z. B. über eine markierte Linie zu ziehen.

27 Fußkampf

Mitspieler: 2, 4 oder weitere Paare
Material: ein Handtuch für jedes Paar
Spielort: drinnen und draußen

Zwei Kinder setzen sich gegenüber und nehmen ein Handtuch mit den Zehen auf. Nun sollen sie sich gegenseitig das Handtuch entreißen. Nur mit den Füßen!

28 Verflixt

Mitspieler: mindestens 3, besser mehrere Kinder
Material: Je Kind ein Kleidungsstück, z. B. T-Shirt, oder ein mit Reiskörnern gefülltes Stoffsäckchen
Spielort: drinnen und draußen

Jedes Kind legt sich ein Kleidungsstück oder ein Stoffsäckchen auf die Schulter. Jeder darf versuchen, einem anderen Kind das entsprechende Kleidungsstück von der Schulter zu nehmen und auf den Boden zu werfen. Jedes Kind, dem das passiert, darf ganz laut «verflixt ...» schimpfen, sein Stück oder Säckchen aufheben und es noch einmal «wutentbrannt» hinschleudern. Danach legt es sich sein Kleidungsstück oder Säckchen wieder auf seine Schulter, und das Ganze geht von vorne los. Mit den Kindern können auch andere lustige Ärger-Wörter (Zungenbrecher!) verabredet werden.

29 Schneeballschlacht im Sommer

Mitspieler: mindestens 4
Material: viele Zeitungen
Spielort: drinnen und draußen

Zeitungen werden zu Bällen geknüllt. Nun stehen sich die Kinder gegenüber und bewerfen sich mit «Schneebällen». Natürlich helfen hinterher alle mit beim Aufsammeln der Papierbälle.

30 Der Riese bewacht den Schatz

Mitspieler: 4 oder mehr
Material: ein «Schatz», z. B. ein Stofftier, ein Kissen, ein Ball o. ä.
Spielort: drinnen und draußen

In der Mitte des Zimmers liegt ein Riese – eines der Kinder – und schläft. Vor ihm liegt ein «Schatz» (z. B. ein Stofftier, ein Kissen, ein Ball o. ä.). Die anderen Kinder sitzen im Kreis ca. drei Meter Abstand vom Riesen um ihn herum. Ein oder zwei Kinder schleichen sich an, um den Schatz zu erwischen. Hört der Riese ein Geräusch, zeigt er in die Richtung, aus der es kommt. Wenn dort ein Kind steht, muß es an seinen Platz zurückgehen. Wer den Schatz geräuschlos erwischt, darf Riese sein.

31 Anklammern

Mitspieler: mindestens 4
Material: Wäscheklammern
Spielort: drinnen und draußen

In der Mitte des Zimmers liegen ungefähr halb so viele Wäscheklammern wie Mitspieler. Auf ein Zeichen hin versucht jeder, eine Klammer zu erwischen und diese an der Kleidung eines anderen anzuklammern, dieser muß dann die Klammer so schnell wie möglich wieder loswerden. Das gibt ein großes Hand- und Körpergemenge. Vereinbaren Sie eine Zeit und ein Zeichen für Schluß.

32 Zauberhut

Mitspieler: 3 oder mehrere
Material: Hüte, Mützen, andere Kopfbedeckungen
Spielort: drinnen und draußen

Wer seinen Hut verliert, erstarrt zu Eis! Alle Kinder haben eine Kopfbedeckung auf. Ein Kind ist Jäger. Es versucht, den anderen ihre Hüte vom Kopf zu reißen. Hat es einen erwischt, so erstarrt das Kind, dem der Hut weggenommen wurde.

33 Die Große Krachmacherallee

Mitspieler: für eine große Gruppe
Material: keines
Spielort: drinnen und draußen

Die Kinder wollen ihre Freunde in der Großen Krachmacherallee rufen. Dazu summen sie ihre Erkennungsmelodie. Nun gibt's aber in der Mitte der Krachmacherallee viele Autos und Lärmmacher. Können die Kinder einander verstehen? Drei Gruppen einteilen: Die erste summt ein Lied. Die zweite muß es erraten. Eine dritte Gruppe steht in der Mitte und macht Krach – wie, das können sich die beteiligten Kinder selber ausdenken. Jede Gruppe kommt in jeder Position einmal dran.

34 Düsenjäger

Mitspieler: mindestens 4
Material: keines
Spielort: drinnen, draußen den Platz begrenzen

Ein Kind spielt den Düsenjäger. Es rennt mit viel Krach durch den Raum. Die anderen Kinder bilden eine Schlange und versuchen, ihn einzukreisen. Festhalten verboten!

35 Wasserballon-Spiel

Mitspieler: paarweise, mindestens 4
Material: Tücher, mit Wasser gefüllte Luftballons
Spielort: draußen

Ein Spiel für heiße Tage und ältere Kinder. Die Spieler bilden Paare. Sie halten ein Badelaken oder Bettuch, in das ein gefüllter Wasserballon gelegt wird. Jedes Paar soll nun seinen im Laken oder Tuch liegenden Wasserballon mit einer schwungvollen Bewegung in das Laken eines anderen, vorher bestimmten Paares werfen und gleichzeitig einen ankommenden Ball auffangen. Bei größeren Gruppen einen Kreis bilden und jeweils nebeneinanderstehende Paare zusammenwerfen und auffangen lassen. Es dauert bestimmt nicht lange, bis alle naß sind!

36 Das spuckende Lama

Mitspieler: 3 oder mehrere
Material: Blumenspritzflasche
Spielort: draußen

Ein Kind wird zum spuckenden Lama bestimmt. Wenn es geärgert wird, darf es spucken. Dafür hat es eine mit Wasser gefüllte Blumenspritzflasche. Das Lama liegt gemütlich auf der Wiese oder auf dem Teppich und schläft. Aber ein paar freche Kinder versuchen, das Lama zu ärgern oder zu kitzeln. Irgendwann wird es wütend, springt auf und spritzt alle Kinder naß. Danach ist jemand anders Lama.

37 Blindfang

Mitspieler: 4 oder mehr
Material: ein Tuch zum Augenverbinden
Spielort: drinnen

Einem Mitspieler werden die Augen verbunden. Alle anderen verteilen sich ganz leise im Raum. Der Blinde muß nun die Mitspieler fangen. Man darf jedoch nicht weglaufen, sondern sich höchstens drei Schritte vom gewählten Platz entfernen. Wird ein Spieler gefangen, muß der Blinde durch Ertasten des Kopfes, der Haare, der Größe oder der Kleidung den Gefangenen erkennen. Gelingt das nicht, wird der Gefangene wieder freigelassen und kann sich wiederum mit drei Schritten entfernen. Erkennt der Blinde den anderen, wird dieser Fänger.

38 Hund und Katz

Mitspieler: mindestens 2
Material: keines
Spielort: drinnen und draußen

Zu Beginn sucht sich jedes Kind aus, ob es Hund oder Katze sein will. Alle krabbeln auf dem Boden umher und sind «Hund und Katz». Könnt ihr fauchen wie eine Katze, bellen wie ein Hund? Wie jagen sich die beiden? Wie bedrohen und schützen sie sich?

39 Zeitungskampf

Mitspieler: mindestens 2
Material: viele alte Zeitungen
Spielort: drinnen und draußen

Zeitungen können zu langen «Lanzen» oder «Schwertern» zusammengerollt werden. Wenn zwei oder mehrere Kinder damit fechten, kann außer Lachkrämpfen wenig passieren.

40 Der Hai ist hungrig

Mitspieler: mindestens 5
Material: großes Bettlaken oder Schwungtuch
Spielort: drinnen und draußen

Die Kinder stehen im Kreis, halten ein Bettlaken oder Schwungtuch in den Händen und machen Wellen (auf und ab bewegen). Unter dem Tuch schwimmt der Hai (ein Kind) und ist sehr hungrig. Er schwimmt zu einem der Kinder hin (die ihn nicht sehen, denn sie halten das Wellentuch bis zum Bauch) und zieht es hinab zu sich in die Tiefe. Das versinkende Kind schreit laut, dann wird es selbst zum Hai. Zum Schluß tummeln sich viele wilde Haie unter dem Tuch.

41 Karton-Rolltonne
Mitspieler: 1 oder mehrere
Material: viele große Kartons (bei Warenannahmestellen von Kaufhäusern oder bei Handwerkern kostenlos erhältlich)
Spielort: draußen
Mit großen Kartons lassen sich tolle wilde Spiele machen – sofern Platz da ist. Es lassen sich z. B. Kriechtunnel daraus bauen. Oder jedes Kind kann in einen Karton kriechen und sich eine Wiese runterrollen. Oder alle bauen sich einen Berg aus den Kartons und springen dann so lange darauf herum, bis alles platt ist.

42 Kissenschlacht
Mitspieler: mindestens 2
Material: viele Kissen
Spielort: drinnen
Tun Sie's mal wieder!
   Variante: Nur im Sitzen werfen! Mit den Füßen werfen! Nur nach hinten werfen!
   Für dieses und viele andere wilde Spiele lohnt es sich, alte Sofakissen, Polster und Teile von ausrangierten Sofas aufzubewahren. Die Kinder benutzen sie auch bei Rollenspielen oder um Berg-und-Tal-Landschaften beim Spiel mit Action-Figuren zu bauen.

43 Wasserpistolen
Mitspieler: 1 oder mehrere
Material: Wasserpistole oder Blumenspritzflasche
Spielort: draußen

Sie gefallen Kindern. Eine besonders raffinierte Wasserpistole hat vorne eine Drehvorrichtung, so daß die Kinder plötzlich in eine ganz andere Richtung spritzen können! Ein Pflanzenbefeuchter tut's aber auch, denn es geht hauptsächlich um den Spritz-Spaß!

44 Kopf hoch!

Mitspieler: 3 oder mehrere
Material: Schwämme oder Waschlappen, ein Sichtschutz (z.B. Tisch, Zeltbahn)
Spielort: draußen
Hinter einem zur Seite gekippten Tisch oder einer Zeltbahn verstecken sich Kinder – oder auch Erwachsene. Auf der anderen Seite sind Kinder mit nassen Schwämmen oder Waschlappen. Wer traut sich hervor? Es kann sein, daß man von einem nassen Schwamm getroffen wird!

45 Wasserei

Mitspieler: viele Paare
Material: Wasserballons
Spielort: draußen
Ein Partnerspiel für Großgruppen. Die Paare stehen sich gegenüber. Je ein Partner hat einen mit Wasser gefüllten Ballon in der Hand, diesen wirft er / sie nun vorsichtig dem anderen zu. In jeder Runde wird es schwieriger, denn die Spieler gehen einen Schritt zurück. Wenn der Ballon platzt, scheidet das Paar aus.

Spannung!

Erst die Nerven kitzeln lassen und dann mit einem Schrei die Aufregung rauslassen – der Wechsel zwischen Spannung und Entspannung ist nicht nur für Kinder äußerst lustvoll. Dazu braucht es keinen Fernseher, viel mehr Spaß macht es, Abenteuer gemeinsam in der Gruppe zu erleben.

46 Blinklicht

Mitspieler: mindestens 3, besser mehr
Material: 1 Taschenlampe
Spielort: draußen oder drinnen im Dunkeln
Ein Spieler steht mit einer Taschenlampe in der Mitte der Wiese. Langsam schleichen sich die anderen an ihn heran. Der Spieler in der Mitte darf die Taschenlampe in verschiedene Richtungen leuchten lassen, muß aber zwischendurch immer wieder ausmachen. Wird ein Kind vom Lichtstrahl getroffen, geht es zur Mitte. Ziel ist es, möglichst unentdeckt zur Mitte zu gelangen.

47 Lampen-Gespenster

Mitspieler: 1 oder mehrere
Material: 1 oder mehrere Taschenlampen
Spielort: drinnen und draußen
Im Dunkeln die Taschenlampe von unten vors Gesicht halten, und man sieht aus wie ein Gespenst. Auch gut zur Untermalung von Gespenstergeschichten, die im Bett erzählt werden.

48 Höhlen leuchten

Mitspieler: 3 oder mehrere
Material: Möbel, Decken, Taschenlampe
Spielort: drinnen
Aus Stühlen, Tischen, Decken wird eine Höhle mit mehreren Gängen gebaut. Nun können Forscher mit Taschenlampen die Höhle erkunden. Darin hat sich ein wildes Tier versteckt. Es macht schreckliche Geräusche. Die anderen müssen es herauslocken und zähmen.

49 Abenteuerwurm

Mitspieler: 3 oder mehrere
Material: ein langes Seil
Spielort: draußen, im Dunkeln
Ein schönes Spiel für eine Nachtwanderung! Den Weg vorher erkunden. Die Kinder fassen ein Seil, schließen die Augen und gehen im Dunkeln einen Weg, den nur einer kennt.

50 Mutprobe

Mitspieler: mehrere Spieler, ein Erwachsener als Aufsicht, wegen der Kerze
Material: ein Gegenstand, 1 Kerze
Spielort: abends bei Dunkelheit, drinnen oder draußen

Ein Spiel für die Dunkelheit, draußen oder drinnen. Drinnen löschen wir alle Lichter und sitzen im Dunkeln. Wir gewöhnen unsere Augen langsam an die Dunkelheit. Ein Mitspieler hat einen Gegenstand (handlich und weich) und versteckt ihn. Er beschreibt, wo sich der Gegenstand befindet. Ein anderes Kind geht hin, findet den Gegenstand und versteckt ihn erneut. Es kehrt zur Gruppe zurück und erzählt, wo der Gegenstand jetzt ist. Und so weiter, bis alle den Gegenstand einmal gesucht, gefunden und weiter versteckt haben. Ganz langsam gewöhnen wir unsere Augen nun wieder an das Licht, zuerst mit einer Kerze, dann mit einer matten Lampe.

51 Geisterbahn, Geisterzimmer

Mitspieler, 3 oder mehrere
Material: Verkleidungsutensilien, Kartons, Möbel, Lichtquellen, Kassettenrecorder
Spielort: drinnen

Eine Geisterbahn oder ein Geisterzimmer bauen. Vielleicht darf dazu mal das Kinderzimmer einige Tage umfunktioniert werden. Wenn's fertig ist, kann man ein Geisterfest machen. Phantasieren Sie mit den Kindern. Aus Stühlen, Tischen und Kartons sowie Tüchern und Decken können Gänge und Höhlen gebaut werden. Mit Taschenlampen, Spots, Lichterketten (Gartenbedarf oder Weihnachtsschmuck) und bei älteren Kindern Blitzlicht, lassen sich Licht- und Geräuscheffekte herstellen. Mit dem Kassettenrecorder gruselige Musik aufnehmen bzw. schreckliche Geräusche selbst produzieren (schauerliches Lachen, Heulen …). Selbstverständlich können sich die Kinder als Geister oder Monster schminken. Wenn Besucher die Geisterbahn betreten, plötzlich hinter einem Schrank auftauchen.

52 Ich habe die Zauberkraft

Mitspieler: 1 ist der Zauberer, die anderen Zuschauer
Material: Magnete, Metallgegenstände
Spielort: drinnen und draußen

Magnete ziehen Metall an, auch durch Stoff, Papier oder dünne Pappe. Der Zauberer führt einen für die Zuschauer unsichtbaren Magnet hinter dem Stoff entlang und kann so Gegenstände, die Metall enthalten oder mit Draht umwickelt sind, bewegen. Man kann dieses kleine Experiment auch in eine Geschichte über geheimnisvolle Kräfte einbinden.

Miteinander – gegeneinander

Miteinander, nicht gegeneinander spielen. Spiele, in denen jeder wichtig ist und keiner im Vordergrund steht, machen allen Spaß. Sie schaffen einen Gegenpol zu Spielen, wo einer der Anführer ist und die anderen Gefolgsleute.

53 Die wunderbare Reise

Mitspieler: 2 oder mehrere
Material: keines
Spielort: drinnen oder draußen

«Ich entführe euch jetzt in ein wunderbares Land. In diesem Land gibt es Städte und Dörfer mit Straßen und Plätzen, wo man immer gerade das tun muß, was auf dem Straßenschild steht. Wenn die Straße z.B. Schnarchstraße heißt, dann müssen alle schnarchen. Jetzt setzen wir uns in einer Schlange hin, und los geht's. Mit dem Flugzeug sausen wir durch die Luft (Arme ausbreiten), jetzt landet das Flugzeug (alle gehen in die Hocke und setzen sich wieder). Jetzt steigt ihr aus und geht herum. Wo sind wir denn? Oh, wir kommen in die Hüpfstraße» (alle Kinder hüpfen). Weitere Möglichkeiten: Lachstraße, Kitzelstraße, Kneifstraße, Schreistraße, Umarmstraße usw. Die Kinder weitere Straßen finden lassen.

54 Verkehrte Welt

Mitspieler: 1 oder mehrere (Kinder und Erwachsene)
Material: keines
Spielort: überall

«Immer machst du das Gegenteil von dem, was ich sage!» Diesen genervten Spruch mal wörtlich nehmen und zusammen spinnen. Was wäre, wenn ich heute alles anders machte als sonst? Würde ich mich alleine anziehen, pünktlich zur Schule gehen, dem Dieter, der mich immer ärgert, aus dem Weg gehen? Wie wäre es, wenn Sie als Mutter / Vater alles anders machen würden? Hören Sie genau hin, Sie erfahren eine ganze Menge über Ihr Kind und Ihre Familie. Vielleicht gibt's auch Anregungen für Veränderungen, die Sie in die Realität umsetzen wollen.

55 Wer darf bestimmen?

Mitspieler: alle Familienmitglieder
Material: keines
Spielort: überall

An freien Tagen dürfen die Familienmiglieder reihum bestimmen, wie der Tag verbracht wird. So kommt jeder mit seinen Wünschen mal dran, und mit der Zeit fällt es der Familie als Gemeinschaft leichter, die verschiedenen Vorlieben der einzelnene (Spiele, Wandern, Ausflüge, Besichtigungen, Fernsehen) zu berücksichtigen.

56 Der große Knall

Mitspieler: mindestens 2
Material: mehrere Luftballons
Spielort: drinnen und draußen

Beide Partner stehen Rücken an Rücken. Sie beugen sich vor und legen ihre Hände auf den Boden. Dann klemmen sie sich einen Ball oder Luftballon zwischen die Pos und versuchen, sich fortzubewegen, ohne ihn fallenzulassen – oder hinzufallen. Das Spiel kann mit einem Knall beendet werden, wenn die Partner den Ballon durch Drücken zum Platzen bringen.

57 Versteinern

Mitspieler: 3 oder mehrere
Material: keines
Spielort: drinnen und draußen

Einer ist der Fänger. Er läuft den anderen nach. Wen er abschlägt, der ist versteinert. Das versteinerte Gruppenmitglied bleibt mit gegrätschten Beinen stehen und wartet auf seine Befreiung. Flitzt oder kriecht ein anderer Mitspieler durch seine Beine, ist der Versteinerte wieder frei – und kann davonlaufen und andere befreien.

58 Gleich zu gleich

Mitspieler: Paare
Material: keines
Spielort: drinnen und draußen

Dieses Spiel können Kinder zusammen spielen, es macht auch Spaß, wenn jeweils ein Kind und ein Erwachsener ein Paar bilden.

Die Spieler erhalten Anweisungen: Berührt die Ellbogen eines anderen mit eurem Ellbogen! Berührt die Knie! Die Knöchel, die Ohren usw. Wer kann mehrere Berührungspunkte gleichzeitig halten? Könnt ihr eine Gruppe aus zwei, drei, vier Menschen bilden? Das gibt spaßige Verwicklungen.

59 Popcorn

Mitspieler: je mehr Kinder, desto mehr Spaß
Material: keines
Spielort: drinnen und draußen

Alle Kinder hocken sich hin. Der Boden ist eine heiße Herdplatte. Der Herd wird immer heißer, und schließlich beginnt das Popcorn zu poppen. Wenn sich alle Kinder in Popcorn verwandelt haben, gießen Sie einen «Sirup» über sie. Nun kleben alle zusammen, sobald sie sich berührt haben. Die Zusammenklebenden poppen dann herum, um an anderen festzukleben. Zum Schluß gibt es eine riesige Popcornkugel. Als Überraschung am Ende richtiges Popcorn essen!

60 Ausgeflippte Partner

Mitspieler: Paare
Material: Musik (aus dem Kassettenrecorder oder mit Trommel, Tambourin begleiten)
Spielort: drinnen und draußen

Die Kinder finden sich zu Paaren. Sobald Musik erklingt, gehen oder hüpfen die Kinder von ihren Partnern weg. Wenn die Musik aufhört, laufen die Partner zueinander, fassen sich an den Händen und gehen in die Hocke. Sobald die Musik wieder anfängt, stehen beide auf und laufen wieder weg. Besonders lustig wird das Spiel, wenn die Abstände immer kürzer werden. Zum Schluß sind alle ganz aus der Puste.

61 Reifen treiben

Mitspieler: 2 oder mehrere
Material: verschiedene Reifen, Stöcke
Spielort: großer Raum drinnen oder draußen

Besorgen Sie unterschiedliche Reifen vom Sperrmüll: Speicherräder, Fahrradfelgen, Autoschläuche – welchen bekommen die Kinder leichter oder schwerer vom Fleck? Statt der Hände kann man auch einen Stock oder ein Stück Dachlatte nehmen, um den Reifen anzutreiben.

62 Variation

Mitspieler: wie oben
Material: wie oben, zusätzlich große Kartons
Spielort: wie oben

Große Kartons können ins Ziel gestellt werden. Wer schafft es, seinen Reifen in den Karton zu rollen? Man kann auch einen Kartonberg bauen und die Reifen da hineinrollen lassen.

63 Auto und Fahrer

Mitspieler: 2 oder mehrere
Material: keines
Spielort: drinnen und draußen

Ein Spieler ist der Fahrer, er steht hinter dem Partner (Auto) und legt ihm die Hände auf die Schultern. Der Fahrer steuert nun das Auto, zuerst hat das Auto die Augen noch offen, dann schließt es die Augen. Der Fahrer steuert nun das Auto, durch Drücken wendet er es nach rechts und links. So kann man durch die ganze Wohnung fahren. Wenn mehrere Kinder zusammen sind, können sie einen Bus bilden. Sie müssen dann besonders gut und schnell kooperieren, damit das Signal, das der Fahrer (das letzte Kind) gibt, bis nach vorne durchkommt und der Bus nicht ins Stocken gerät.

64 Gefrorener Schuh
Mitspieler: mindestens 3, am besten mehr
Material: Schuhe
Spielort: drinnen und draußen
Jedes Kind legt sich einen (Haus-)Schuh auf den Kopf. Nun laufen, tanzen, hüpfen alle im Kreis herum und balancieren ihren Schuh. Wenn einer herunterfällt, muß das betreffende Kind wie erfroren stehen bleiben. Hebt ein anderer den Schuh auf und setzt ihn dem Kind wieder auf, so ist es aufgetaut. Fällt dem Helfer der Schuh ebenfalls runter, ist er auch erfroren. Mit Musik macht das Spiel noch mehr Spaß!

65 Amöbenrennen
Mitspieler: 4 oder mehr
Material: evtl. Möbel, Kissen, Seile
Spielort: großer Raum oder auch draußen
Eine Amöbe ist eine Gruppe von mindestens 4 Personen, die sich kreisförmig fortbewegt, und zwar so: Jeder Mitspieler steckt seinen linken Arm zwischen seinen Beinen hindurch und faßt damit den rechten Arm des Nebenspielers. Der Kreis ist geschlossen, und die Amöbe kann losrennen. Geübte Amöben können auch Hindernisse überwinden (Bänke, Kissenberge, Seile).

66 Reise nach Jerusalem – ohne Verlierer!

Mitspieler: 6 oder mehr Kinder
Material: Kissen, Musik (aus dem Kassettenrecorder oder von einem Musikinstrument)
Spielort: drinnen und draußen
Für je zwei Kinder liegt ein Kissen auf dem Boden. Jetzt erklingt Musik, und ein Kissen wird weggenommen. Wenn die Musik verstummt, müssen sich alle Kinder einen Platz auf den verbleibenden Polstern suchen, über- und untereinander. So geht es weiter, bis nur noch ein Kissen übrig ist. Gut festhalten, zum Schluß entsteht ein Kinderturm! Stühle sind für dieses Spiel weniger geeignet, weil sie unter der Kinderlast umfallen …

Verwandlungen: ein anderer sein

Unterstützen Sie den Drang, in verschiedene Rollen und Körper zu schlüpfen, starke und schwache Seiten auszuleben. Vielseitige Erfahrungen ermöglichen den Kindern, sich in andere hineinzuversetzen und einzufühlen.

67 Zauberstab

Mitspieler: 2 oder mehrere
Material: 1 Stock, eventuell selbst bemalt und verziert
Spielort: drinnen und draußen
Ein Kind hält den Stab als Zauberstab. Es versucht nun, alle anderen Kinder damit zu berühren. Wer berührt ist, fällt verzaubert um und bleibt steif auf dem Boden liegen. Das letzte nichtberührte Kind übernimmt den Zauberstab für die nächste Runde.

68 Variation

Mitspieler: wie oben
Material: wie oben
Spielort: wie oben

Wer den Zauberstab in der Hand hat, kann die anderen in Figuren, Tiere oder Gegenstände verwandeln. Die verzauberten Kinder laufen, tanzen und machen Geräusche entsprechend ihrer Verwandlung. Nach drei Verwandlungen den Stab weitergeben.

69 Zeitmaschine

Mitspieler: mindestens 2
Material: Rollenspiel-, Verkleidungsmaterial, Schminke
Spielort: drinnen oder draußen

Was ist, wenn wir plötzlich in einer anderen Zeit sind? Schulkinder interessieren sich sehr dafür, «wie es früher war». Aus Tischen, Stühlen und Kartons können sie sich eine Zeitmaschine bauen. Wenn man aus der Zeitmaschine herausklettert, ist man plötzlich in der Zeit der Ritter, im Dinosaurier-Zeitalter oder im Jahr 5000. Dazu sollten Requisiten bereit liegen. Dieses Spiel kann man auch über einen ganzen oder sogar mehrere Tage spielen. Dann sollte genügend Platz und Material bereitstehen, damit die Kinder sich ihre eigene Welt bauen können.

Ein Griff in die Kleiderkiste –
und schon bin ich der Mann aus dem Morgenland

70 Masken bauen

Mitspieler: 1 oder mehrere
Material: Papiertüten, Pappteller, Farben, Scheren, Kleber, Stoffreste usw.
Spielort: drinnen und draußen
Kinder lieben Masken, z.B. Bösewicht-Masken aus Papiertüten. Die Tüten bemalen, Löcher für Augen und Mund ausschneiden, aus Stoff- und Wollresten Haare, Bärte usw. aufkleben. Alle Kinder setzen die Masken auf. Jetzt schleicht sich der Bösewicht heran, wird immer lauter und stampft dann zu lauter Trommelmusik auf den Boden. Uaaah!

71 Gesichter und Körper sprechen lassen

Mitspieler: 2 oder mehrere
Material: keines
Spielort: drinnen und draußen
Jeder darf «ein Gesicht machen», die anderen sollen raten, was es ist: traurig, lustig, wütend. Dann werden Aufgaben gestellt: Karin ist gerade eine Tasse heruntergefallen, Klaus hat Angst, durch den dunklen Flur zu gehen, Verena hat einen wunderschönen Stein gefunden ...

72 Protzparade

Mitspieler: 3 oder mehrere
Material: Kleider, Tücher, etc. zum Verkleiden, evtl. Schminke
Spielort: drinnen und draußen
Der Stärkste, die Schönste, die Klügste zu sein, wer wollte das nicht? Man kann diese Eigenschaften aber auch herrlich in Frage stellen. In Form einer Siegerehrung oder eines Wettbewerbs werden komische Eigenschaften gesucht: Wer hat die längste Nase? Wer hat die meisten Sommersprossen? Wer kann am längsten die Luft anhalten? Oder auf einem Bein stehen?

Die «Sieger» (alle) erhalten Orden aus Kreppapier. Mit einer Polaroid-Kamera können Sie komische Fotos machen und hinterher zum Festschmaus bitten.

73 Sachen gibt's, die gibt's gar nicht!

Mitspieler: 1 oder mehrere
Material: keines
Spielort: drinnen und draußen

Kinder wünschen sich, so toll, stark und pfiffig wie ihre Spielzeughelden zu sein. Wie wäre es, wenn diese nicht nur im Fernsehen und Computer auftauchten, sondern auch bei ihnen? Erfinden Sie zusammen mit den Kindern Geschichten, die z.B. so beginnen: «Stell dir vor, du gehst morgens zur Schule, und statt der Lehrerin tritt um 8 Uhr He-Man auf den Schulhof. Was passiert?» Oder: «Die kleine Hexe hat dir einen Zaubertrank gegeben, nun hast du für einen Tag Zauberkräfte ...»

74 Körpersprache

Mitspieler: 1 oder mehrere
Material: keines
Spielort: drinnen und draußen

Wir stellen uns alle hin wie He-Man. Wie fühlt ihr euch? Was könnt ihr machen? Geht im Raum herum, nehmt Kontakt zu den anderen He-Männern auf. Jetzt kommt ein kleiner Hund, streichelt ihn. Umarmt jemand.

Jetzt stellt euch alle so hin wie Barbie. Wie geht sie, was macht sie? Kann Barbie auf Bäume klettern, Fußball spielen? Welche Figur kann mehr machen? Hier können sich Gespräche über weibliche und männliche Gestik und Mimik anschließen.

75 Gefühle raten

Mitspieler: 2 oder mehr
Material: selbstbemalte Karten
Spielort: drinnen und draußen

Bereiten Sie ein Kartenspiel (Karteikarten) mit Bezeichnungen für Gefühlszustände (z.B. wütend, ängstlich, froh, traurig) vor. Ältere Kinder können das Spiel auch selbst anfertigen. Nun gut mischen, reihum zieht jedes Kind eine Karte. Es stellt das Gefühl dar, und die anderen Kinder raten.

76 Schattenspiele

Mitspieler: 2 oder mehrere
*Material: Bettlaken, Lampe, Schaumstoff, Tücher, Kissen, Kleider
etc. zum Verwandeln*
Spielort: drinnen
Die Schattenspieler stehen hinter einer Leinwand. Eine Lichtquelle
wirft den Schatten auf die Leinwand. Lassen Sie die Kinder erst
probieren, welche Schatten sie mit ihrem Körper werfen, wie sie
sich klein oder groß machen können. Stellen Sie ihnen verschiedene Materialien zur Verfügung (Schaumstoff, Tücher, Kissen,
Kleider). Meist haben die Kinder Lust, sich zu verwandeln. Zwei
oder drei Kinder können zusammen ein Tier darstellen, z. B. einen
Drachen.

77 Umrisse malen

Mitspieler: 1 oder mehrere
Material: großes (Pack-)Papier oder Tapetenreste, Stifte
Spielort: drinnen und draußen
Ein großes Papier auf den Boden legen. Ein Kind legt sich darauf
ein anderes malt mit Stiften die Umrisse nach. Die Umrisse nun
ausmalen. Oder mit Traumkostümen versehen.

Anhang

Adressen

Bildungsarbeit zu den Themen Gewalt, Aggression, Konflikt und geschlechtsbewußte Pädagogik

Diese Einrichtungen führen Bildungsveranstaltungen für Erzieherinnen, Erzieher, Lehrer und Lehrerinnen und Eltern zu Themen wie Gewalt, Aggression, Konfliktbearbeitung durch. Sie können dort auch Bücher, Spiele und Ausstellungen entleihen und kaufen. Es werden ebenfalls Referentinnen und Referenten für Veranstaltungen in Kindergärten, Schulen und anderen Bereichen vermittelt.

Arbeitsgemeinschaft Friedenspädagogik München
Untere Weidenstr. 12
81543 München
Tel. 089/6518222

Conex – Verein zur Verbreitung der Gewaltfreien Kommunikation in Deutschland
Seepromenade 8
14476 Groß-Glienicke
Tel. 033201/20801
Fax 033201/20803

Familienbildungsstätte Werkstatt Friedenserziehung
Sternenburgstr. 58
53115 Bonn
Tel. und Fax 0228/220604

Bildungs- und Begegnungsstätte für gewaltfreie Aktion
Kirchstr. 14
29462 Wustrow
Tel. 0 58 43 / 5 07
Fax 0 58 43 / 14 06

Fränkisches Bildungswerk für Friedensarbeit
Hessestr. 4
90443 Nürnberg
Tel. 09 11 / 28 85 00
Fax 09 11 / 28 85 14

Männerfachkreis geschlechtsbewußte Pädagogik in
Kindertageseinrichtungen und Grundschule,
c / o Tim Rohrmann, Adresse siehe unten
(Bundesweiter Arbeitskreis von Fortbildnern zu
geschlechtsbezogenen Themen)

Männerwege
Alexander Bentheim und Michael Firle
Paul-Nevermann-Platz 2 – 4
22765 Hamburg
Tel. 0 40 / 38 19 07
(Information über Projekte, Ansprechpartner und Literatur zu
Jungen- und Männerthemen im gesamten deutschsprachigen
Raum. Monatliche Herausgabe des Switchboard –
Informationsdienst für Männer

Verena Sommerfeld
Wolffring 37
12101 Berlin
Tel. 0 30 / 78 99 10 50
Fax 0 30 / 78 99 10 51
(Fortbildung, Beratung und Supervision zu Themen Gewalt,
Aggression, Konfliktbearbeitung)

Tim Rohrmann
Grünstraße 8
38102 Braunschweig
Tel. 0531/75238
(Fortbildung und Beratung zu den Themen Jungen, Männlichkeit
und Aggression)

Verein für Friedenspädagogik e. V.
Bachgasse 22
72070 Tübingen
Tel. 07071/21312
Fax 07071/21543

Spielpädagogische Einrichtungen

Spiel gut / Arbeitsausschuß Kinderspiel und Spielzeug e. V.
Heimstr. 13
89073 Ulm
Tel. 0731/65653

Arbeitsgemeinschaft für Gruppenberatung
Pulvermühlstr. 6
A-4040 Linz
Tel. 0043/732/2394372

Pädagogische Aktion
Reichenbachstr. 12
80469 München
Tel. 089/2609208

Spiel und Kulturwerkstatt Rhinozeros
Eickelkamp 19
45276 Essen
Tel. 0201/513494

Literatur

Empfehlenswerte Kinderbücher

Bauer, Jutta / Boie, Kirsten: Kein Tag für Juli, Weinheim 1995
Juli ist ein ziemlich normaler Junge, der den Mächen eine scheuert, wenn sie «kleines Baby» zu ihm sagen, weil er seinen Jeansknopf nicht zubekommt (und der sich dafür natürlich entschuldigen muß). An manchen Tagen geht alles schief – und zu Hause hat Mama auch noch Babygruppe! Besser geht es ihm bei den großen Jungs. Am Ende kann er sich bei Papa richtig ausheulen, und alles wird wieder gut.

Bergström, Gunilla: Bist du feige, Willi Wibert?, Hamburg 1987
Willi Wiberg findet Streit, Prügeln und Kämpfen «abscheulich». Sein Vater will, daß er sich wehrt. Die Großmutter dagegen findet ihn deswegen besonders lieb – was er gar nicht ist … Als drei «Streithammel» in den Kindergarten kommen, werden die (Vorschul-)Lehrerinnen und die Kinder «ganz traurig». Die Wende: Willi gibt vor allen zu, daß er Angst hat – und das finden die anderen mutig. Und auch der Vater gibt schließlich zu, daß er als Junge nicht gehauen hat, weil er Angst hatte. – Die zahlreichen Willi-Wiberg-Bücher sind bei Kindern sehr beliebt; in der Darstellung noch recht geschlechtstypisiert, in den Aussagen weniger. Eine Mutter kommt nie vor, dafür ist immer der Vater dabei.

Heine, Helme: Richard, Köln 1990
«Richard, du wirst einmal der stärkste Rabe der Welt», sagte seine Mutter. Und so kämpft er gegen alles und alle, die ihm über den Weg laufen. Bis er sogar anfängt, gegen sich selbst zu kämpfen …

Hughes, David: Macker, Frankfurt 1993
Das Buch beginnt mit der Aufforderung eines Jungen, einen anderen «fertigzumachen». Die Gewalt eskaliert, bis schließlich alle Kinder vom Krokodilmädchen Paola aufgefressen – und wieder

ausgespuckt werden, als Nesrin endlich sauer wird. Schließlich spielen die Kinder wieder – als ob nichts gewesen wäre. Dieses Buch wurde mit dem Deutschen Jugend- und Kinderliteraturpreis ausgezeichnet und gleichzeitig wegen der offenen Darstellung der Aggressivität heftig kritisiert.

Leaf, Munro: Ferdinand, der Stier, München 1970
Die Geschichte handelt von einem kleinen Stier in Spanien, der am liebsten unter den Korkeichen in der Blumenwiese sitzt und partout keine Lust hat, wie seine Brüder in der Arena zu kämpfen. Seine Mutter, die eine Kuh war, macht sich Sorgen …

McKee, David: Du hast angefangen! Nein, du!, Aarau 1986
Ein blauer und ein roter «Kerl» leben auf den zwei Seiten eines Berges. Sie geraten in Streit, beschimpfen sich wüst und beschmeißen sich mit Steinen, bis der Berg zwischen ihnen einstürzt. Da sehen sie einander zum ersten Mal und verstehen die Sicht des anderen. «Das hat Spaß gemacht», grinst der blaue Kerl. «Ja», kichert der rote Kerl. «Nur schade um den Berg.» – Jungen fahren sehr auf dieses Buch ab. Toben macht Spaß und führt zusammen!

Oram, Hiawyn / Ross, Tony: Rose Übermut, München 1992
Roses Eltern behandeln sie wie ein typisches Mädchen und wollen, daß sie einen Prinzen heiratet. Sie will das aber nicht, und ein Junge sagt ihr, wie sie es verhindert: indem sie «übermütig» wird. Dabei tut sie sich zwar mächtig weh, aber sie erreicht ihr Ziel … Am Ende kommen Rose und der Junge zusammen.

Oram, Hiawyn / Ross, Tony: Die zweite Prinzessin, Hamburg 1994
Die zweite Prinzessin möchte auch einmal die erste sein und wird daher ziemlich böse, aber Wolf und Bär weigern sich, ihre Schwester zu fressen bzw. zu heiraten. Schließlich ist die Köchin bereit, sie zu vergiften, verlangt aber Juwelen, Juwelen und nochmals Juwelen. Leider wird die zweite Prinzessin beim Diebstahl erwischt – doch die Eltern reagieren erstaunlich undramatisch. Sie finden

eine überraschende Lösung. Ein tolles Buch für Eifersuchtskonflikte unter Geschwistern, insbesondere Mädchen.

Reichenstetter, Friedrun / Panowsky, Charlotte: Tiger-Lilly und das starke Geschenk, München 1995
Lilly bekommt eine Tigermütze und fühlt sich damit ganz stark, sie hat auch keine Angst vor den großen Jungen mehr. Als ihre Mutter ihr dann eine «Mädchenmütze» schenkt, weiß sie nicht, was sie damit anfangen soll – «Aufsetzen!» sagt die Mutter. Und danach? Fühlt sich Lilly jetzt auch ohne Tigermütze stark!

Sendak, Maurice: Wo die wilden Kerle wohnen, Zürich 1967
Ein Kinderbuch-Klassiker. Einmal richtig wild sein! Und zu Hause ist das Essen noch warm …

Seyer-Sauke, Karin / Lochner, Margret: Olli Krachmacher entdeckt die Stille, Fürth 1994
Olli liebt den Lärm, das Laute, den Krach. Olli muß immer weiter. Die anderen Kinder wollen nichts mit ihm zu tun haben. Als er einmal krank ist und nur noch krächzen kann, hilft sein Teddy ihm, die Stille zu entdecken. Phantasievoll und ohne pädagogischen Zeigefinger führt das Buch zu Besinnung und Entspannung.

Solotareff, Grégoire: Wer hat Angst vor einem Hasen, Frankfurt 1994
Der Wolf Lulu und der Hase Tom schließen Freundschaft. Sie erschrecken sich gegenseitig im Spiel. Aber Tom hat wirklich Angst, Lulu nie. Erst als Lulu es mit anderen Wölfen zu tun bekommt, kann er Tom verstehen. Denn nun hat er selbst Angst erlebt und kann sie auch eingestehen. Natürlich kommen die beiden wieder zusammen.

Weiterführende und zitierte Literatur

Arbeitsausschuß Kinderspiel und Spielzeug e. V.: Gutes Spielzeug von A–Z, Ulm 1994

Bach, George / Goldberg, Herb: Keine Angst vor Aggressionen, Frankfurt a. M. 1994

Bandura, Albert: Aggression, Stuttgart 1979

Benjamin, Walter: Über Kinder, Jugend und Erziehung, Frankfurt a. M. 1969

Bundesverband des Spielwaren-Einzelhandels: Marktstudie Spielwarenmarkt in Deutschland, in: Das Spielzeug, Sonderheft, Bamberg 1998

Büttner, Christian: Mit aggressiven Kindern leben, Weinheim 1988

Conradi, Laura: Das beste Spielzeug für mein Kind, Reinbek 1998

Deutsches Jugendinstitut: Konflikt, Aggression, Gewalt in der Welt von Kindern unter dem Blick der Wissenschaft. Projekt «Konfliktverhalten von Kindern in Kindertagesstätten», München 1996

Deutsches Jugendinstitut (Hg.): Handbuch Medienerziehung im Kindergarten. Teil 2: Praktische Handreichungen, Opladen 1995

Fritz, Jürgen: Spielzeugwelten, München 1989

Fromm, Erich: Anatomie der menschlichen Destruktivität, Reinbek 1977

Gamber, Paul: Rauf- und Kampfspiele bei Kindern aus der Sicht der vergleichenden Verhaltensforschung, in: Gruppendynamik Heft 2, 1989

Goleman, Daniel: Emotionale Intelligenz, Frankfurt 1994

Gordon, Thomas: Familienkonferenz, Reinbek 1980

Gottman, John: Kinder brauchen emotionale Intelligenz, München 1997

Gruner und Jahr AG: Markenmonitor Spielzeug 1997

Guggenbühl, Alain: Die unheimliche Faszination der Gewalt, München 1995

Hacker, Friedrich: Aggression, Reinbek 1973

Johansen, Erna: Ich wollt', ich wäre nie geboren, Frankfurt 1986

Kaufmann: Kriegsspielzeug hat eine lange Geschichte. In: DGFK, Kriegsspielzeug, Erfahrungen aus Praxis und Forschung, Bonn 1979, S. 23–29

Krappmann, Lothar: Mißlingende Aushandlungen – Gewalt und andere Rücksichtslosigkeiten unter Kindern im Grundschulalter, in: ZSE, Heft 2/1994

Kroner, Bernhard: Ist das noch Spielzeug? Berlin 1982

Lischke, Christian: Aggression und Aggressionsbewältigung, Freiburg 1972

Mantell, David: Familie und Aggression, Frankfurt 1988

Mönkemeyer, Karin: Spiele für alle fünf Sinne, Reinbek 1988

Nolting, Hans-Peter: Lernfall Aggression, Reinbek 1983

Petermann, Franz und Ulrike: Training mit aggressiven Kindern, München 1988

Reichel, Uwe und René: Mit Angst, Lust und Aggression leben. Heilsame Gedanken und Methoden für Erziehung und Beratung, Münster 1997

Rogge, Jan-Uwe: Kinder können fernsehen. Vom Umgang mit der Flimmerkiste, Reinbek 1999

Rohrmann, Tim: Junge, Junge – Mann, o Mann. Die Entwicklung zur Männlichkeit, Reinbek 1994

Rohrmann, Tim / Thoma, Peter: Jungen in Kindertagesstätten. Ein Handbuch zur geschlechtsbezogenen Pädagogik, Freiburg 1998

Schnack, Dieter / Neutzling, Rainer: Kleine Helden in Not. Jungen auf der Suche nach Männlichkeit, Reinbek 1990

Schnack, Dieter / Neutzling, Rainer: «Der Alte kann mich mal gern haben». Über männliche Sehnsüchte, Gewalt und Liebe, Reinbek 1997

Sommerfeld, Verena: Umgang mit Aggressionen. Ein Arbeitsbuch für Erzieherinnen, Lehrer und Eltern, Neuwied 1996

Theweleit, Klaus: Männerphantasien, Reinbek 1980

Thoma, Peter / Baumgärtel, Werner / Rohrmann, Tim: «Manns-Bilder» – Jungen in Kindertagesstätten. Abschlußbericht des AGIP-Forschungsprojekts. Wolfenbüttel: Fachhochschule Braunschweig, Wolfenbüttel 1996

Ueffing, Claudia: Batman oder bad man? Ein Erfahrungsbericht zum situativen Umgang mit Medien im Freispiel, in: Deutsches Jugendinstitut (Hg.): Handbuch Medienerziehung im Kindergarten. Teil 2: Praktische Handreichungen. Opladen 1995

Valtin, Renate: Mit den Augen der Kinder, Reinbek 1991

Viernickel, Susanne: Geteilte Bedeutungen in Interaktionen von Kindern im zweiten Lebensjahr (Dissertation), Freie Universität Berlin 1995

Wüstenberg, Wiebke: Soziale Kompetenz 1- bis 2jähriger Kinder (Dissertation), Johann-Wolfgang-Goethe-Universität Frankfurt 1992

Kinder haben eine Lobby

die **Deutsche Liga**
für das Kind

Partner von *rororo Mit Kindern leben*

Die Deutsche Liga für das Kind ist ein Zusammenschluß der wichtigsten Verbände, die sich für die Belange der Kinder in den ersten Lebensjahren einsetzen.

Die Liga verfaßt Stellungnahmen zu Gesetzentwürfen, organisiert Fachtagungen, initiiert Projekte, ist Herausgeber der Zeitschrift *frühe Kindheit* und bietet Eltern und Fachleuten ihre Service-Leistungen an.

Für einen guten Start ins Leben
Die Info-Pakete der Deutschen Liga für das Kind

☐ **Paket 1** (12,- DM incl. Versandkosten)
- Informationen über Mutterschutz und staatliche Leistungen für Eltern
- Entwicklungskalender erstes Lebensjahr
- Faltblatt mit Informationen zum Stillen
- Adressenliste von Einrichtungen „Rund um die Geburt und das 1. Lebensjahr"
- Informationen über die Deutsche Liga für das Kind
- Gesamtverzeichnis der Reihe *Mit Kindern leben*

☐ **Paket 2** (18,- DM incl. Versandkosten)
Inhalt wie Paket 1, zusätzlich:
- 12 Elternbriefe zum 1. Lebensjahr, hrsg. vom Arbeitskreis Neue Erziehung
- Probeexemplar der Zeitschrift *frühe Kindheit*

Sie können Ihre Bestellung telefonisch oder per Fax aufgeben oder diese Seite an folgende Adresse schicken:

DEUTSCHE LIGA FÜR DAS KIND in Familie und Gesellschaft e.V.
Chausseestr. 17, 10115 Berlin
Tel.: 030 - 28 59 99 70   e-mail: Liga-Kind@liga-kind.de
Fax: 030 - 28 59 99 71   Internet: www.liga-kind.de
Commerzbank Berlin, Konto 266 2385, BLZ 100 400 00

Kinder brauchen eine Lobby

In der Deutschen Liga für das Kind arbeiten Fachleute aus den Bereichen Gesundheit, Erziehung, Sozialwissenschaften und Recht zusammen und ermöglichen einen intensiven Kontakt zu Wissenschaft, Praxis und Politik. Dabei stehen folgende Aufgabenbereiche im Mittelpunkt:

Kinder brauchen starke Eltern

Die Elternverantwortung zu stärken, bedeutet nicht nur, öffentlich auf die unverzichtbare Rolle der Eltern hinzuweisen, sondern auch, Eltern selbst Aufklärung und Unterstützung anzubieten.

Kinder brauchen Schutz

Kinder haben ein Recht auf die Förderung ihrer natürlichen Begabungen. Das gilt nicht nur für den rechtlichen Schutz, sondern auch für familienergänzende, wenn nötig familienersetzende Angebote für Kinder.

Kinder brauchen Beteiligung

Schon von Geburt an muß die eigenständige Persönlichkeit des Kindes sowohl im rechtlichen, als auch im psychologischen Sinne Anerkennung finden. Hierzu gehört auch, die Interessen von Kindern und Familien im politischen Raum zu stärken.

Kinder brauchen materielle Gerechtigkeit

Die Entscheidung für ein Kind gehört heute zu den größten Armutsrisiken. Der Beitrag, den die Erziehung von Kindern in der gesellschaftlichen Gesamtrechnung leistet, wird in unserem Steuer- und Rentensystem in einer nicht länger hinzunehmenden Weise unterbewertet. Eine Korrektur dieses Mißstandes ist überfällig.

Kinder brauchen bessere Lebensbedingungen

Beim Wohnungsbau, der Stadt- und Regionalplanung und in allen anderen Feldern, die zur Lebensqualität von Familien beitragen, müsen Bedingungen geschaffen werden, die ein Leben mit Kindern erstrebenswert machen. Dies gilt auch für die Arbeitsplatz- und Arbeitszeitgestaltung der Eltern.

Praktische Tips, Ideen, Rat-schläge – Anregungen für den Umgang mit Kindern in der Freizeit.

Barbara Cratzius
Allererste Kinderrätsel *Denk-spaß für Eltern und Kinder*
(rororo sachbuch 19143)

Thomas Feibel
Multimedia für Kids: Spielen und lernen am Computer *Was Eltern und Pädagogen wissen müssen*
(rororo sachbuch 60423)

Wolfgang Hering
Bewegungslieder für Kinder
Spiele und Musik von 2–5
(rororo sachbuch 19681)

Klaus W. Hoffmann
Kinder brauchen Bewegung
Übungen, Spiele und Lieder für Kinder und Erwachsene
(rororo sachbuch 60325)

Klaus W. Hoffmann
Heidi Kaiser (Hg.)
Spiele und Lieder zum Kuscheln und Kosen
(rororo sachbuch 19507)

Hans-Jürgen Jansen / Bettina Mähler / Monika Trapp
Lesehits für Kids *Die besten Bücher für Kinder und Eltern*
(rororo sachbuch 60287)

Raimund Pousset
Fingerspiele und andere Kinkerlitzchen *Spiel-Lust mit kleinen Kindern*
(rororo sachbuch 60641)

IRIS SCHÜRMANN-MOCK

Gesunde Kinderernährung mit Spaß und Genuß
Pfiffige Rezepte für groß und klein

NUDELN, POMMES – UND WAS SONST?

MIT KINDERN LEBEN

rororo

Cornelia Nitsch
Kinder können alleine spielen
Spannung, Spaß und Rätsel für Kinder von 3–10
(rororo sachbuch 60329)
Wenn die Enkel kommen *Spaß und Spiele für Großeltern und Kinder*
(rororo sachbuch 60205)

Iris Schürmann-Mock
Nudeln, Pommes – und was sonst? *Gesunde Kinder-ernährung mit Spaß und Genuß*
Pfiffige Rezepte für groß und klein
(rororo sachbuch 60501)

Elfi Schuster
Basteln mit den ganz Kleinen
Spiel und Spaß von 1–4
(rororo sachbuch 19503)

Ein Gesamtverzeichnis aller lieferbaren Titel der Reihe *mit kindern leben* finden Sie in der *Rowohlt Revue.* Vierteljährlich neu. Kosten-los in Ihrer Buchhandlung. Rowohlt im Internet: www.rowohlt.de

Ratgeber für den Umgang
mit Kindern im Alltag –
Entwicklung, Gesundheit,
alternative Heilmethoden.

Nora Bergen
«Das juckt so!» *So helfen Sie
Ihrem Kind bei Allergien*
(rororo sachbuch 60285)

Gisela Brehmer
**Aus der Praxis einer
Kinderärztin** *Entwicklung ·
Ernährung · Erste Hilfe ·
Alternative Heilmethoden
Vollständig überarbeitete
Neuausgabe*
(rororo sachbuch 60468)

Ingo Busche
**Neurodermitis: Chaos im
Immunsystem** *Ursachen,
Vorbeugung, Therapie*
(rororo sachbuch 60422)

Peter J. Fischer
**Allergien bei Kindern und
Jugendlichen** *Vorbeugen,
erkennen, heilen*
(rororo sachbuch 60206)

Sabine Friedrich /
Volker Friebel
Entspannung für Kinder
*Übungen zur Konzentra-
tion und gegen Ängste*
(rororo sachbuch 18563)

Christine Grotensohn
Unser Kind im Krankenhaus *Ein
Ratgeber für Eltern und
alle, die mit kranken
Kindern zu tun haben*
(rororo sachbuch 60328)

Inge Kelm-Kahl
Mein Kind hat Asthma
*Diagnose, Behandlung,
Hilfen für den Alltag*
(rororo sachbuch 60471)

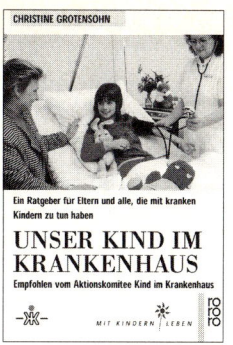

CHRISTINE GROTENSOHN

Ein Ratgeber für Eltern und alle, die mit kranken
Kindern zu tun haben

**UNSER KIND IM
KRANKENHAUS**
Empfohlen vom Aktionskomitee Kind im Krankenhaus

MIT KINDERN LEBEN

Hans-Dieter Kempf /
Jürgen Fischer
Rückenschule für Kinder
*Haltungsschwächen
korrigieren, Haltungs-
schäden vorbeugen*
(rororo sachbuch 19338)

Walter Köster
**Kranke Kinder homöopathisch
heilen** *Erfahrungen und
Rezepte eines praktischen
Arztes*
(rororo sachbuch 60151)

Manfred Link /
Emil Wieczorek
**Psychische Störungen bei
Kindern** *Verstehen und
helfen*
(rororo sachbuch 19638)

Ein Gesamtverzeichnis aller
lieferbaren Titel der Reihe
mit kindern leben finden Sie
in der *Rowohlt Revue*.
Vierteljährlich neu. Kosten-
los in Ihrer Buchhandlung.
Rowohlt im Internet:
www.rowohlt.de